U0077607

教會規程

Church Manual

2024年修訂版

# CONTENTS 目錄

**第一章　教會規程編製的背景原因** ——————23

　　第1節　教會規程的權限與功能 ——————26

　　第2節　進行修訂 ——————27

　　第3節　教會規程釋疑 ——————28

　　第4節　教會規程的專業術語 ——————29

**第二章　永生上帝的教會** ——————**31**

　　第1節　沒有隔斷的牆 ——————32

　　第2節　基督看為至寶的教會 ——————33

　　第3節　在基督裡得以完全 ——————35

**第三章　組織與權限** ——————**37**

　　第1節　組織的聖經依據 ——————38

　　第2節　組織的重要性 ——————39

　　第3節　組織的宣教目的 ——————40

　　第4節　新約的榜樣 ——————42

　　第5節　現今的教會組織 ——————43

　　第6節　本會組織概要 ——————44

第7節　機構的功能 ———————————— 45

第8節　早期教會的權限 ———————————— 46

第9節　全球總會作為最高權力機構 ———— 47

第四章　**牧師及其他教會職員** ———————— **49**

第1節　上帝所委派的事工 ———————————— 50

　　　1-1 區會會長

　　　1-2 區會部門幹事

　　　1-3 按立的牧師

　　　1-4 持證照的牧師

　　　1-5 聖經導師

　　　1-6 區會帶領教會職員

第2節　證書與證件 ———————————————— 54

　　　2-1 過期的證書與證件

　　　2-2 退休員工

　　　2-3 無證書的前牧者

第五章　**組織、合併、解散教會和佈道所** ——— **57**

第1節　組織教會 ———————————————— 58

第2節　組織佈道所 ———————————————— 60

第3節　合併教會 ———————————————— 62

第4節　教會的解散或除名 ———————— 63

第5節　教友、紀錄和資金的管理 ———— 66

**第六章　門徒培訓** ———————————— **69**

第1節　何謂門徒？ ———————————— 71

第2節　門徒的培訓 ———————————— 72

第3節　實際步驟 ————————————— 75

第4節　愛是門徒確切的標記 —————— 75

**第七章　教友資格** ———————————— **77**

第1節　浸禮 ——————————————— 78

1-1 成為教友的先決條件

1-2 浸禮的模式

1-3 在受浸前經過教導及公開檢驗

第2節　浸禮約言和決志 ———————— 80

2-1 浸禮約言

2-2 受浸盟約

2-3 表決接納並在領浸後生效

2-4 接納不熟識的教友

2-5 浸禮的預備

第3節　重新領浸 ——————————— 87

3-1 來自其他基督教團體的信徒

3-2 背道和重新領浸

3-3 不宜重新領浸的情況

第4節　信仰告白 ——————————— 89

第5節　轉移教友名籍 ——————————— 90

5-1 核發移名信的方式

5-2 教會書記發出移名信

5-3 移名信有效期為六個月

5-4 轉移教籍的其他方法

5-5 移名期間的教籍

5-6 在困境下接受教友

5-7 列於統計報告之內

5-8 若移名教友不被接受

5-9 移名信只核發給操行良好的教友

5-10 未經教友本人同意不得核發移名信

5-11 堂董會不可就教籍做表決

5-12 在區會教會的教籍

5-13 教籍紀錄

5-14 以救贖之心進行教籍查核

**第八章　紀律處分** ———————————— **97**

　第1節　一般原則 ———————————— 98

　　1-1 處理犯錯的教友

　　1-2 上帝的計畫

　　1-3 教會的權限

　　1-4 教會的責任

　　1-5 不敬虔分子拒絕教會處分

　　1-6 維護教會的合一

　　1-7 解決教友之間的分歧

　　1-8 解決教友對教會的不滿

　　1-9 解決教會對教友的不滿

　第2節　紀律處分的原因 ———————— 106

　第3節　紀律處分的過程 ———————— 108

　　3-1 以譴責處分

　　3-2 以開除教籍處分

　　3-3 不可另立考驗信徒的標準

　　3-4 處分要及時

　　3-5 不可擅自論斷他人品格與動機

　　3-6 召開合宜的會議

　　3-7 經多數人投票

3-8 堂董會不可開除教籍

3-9 教友的基本權利

3-10 律師不能代表教友

3-11 受譴責之教友移名

3-12 不可將缺席的教友除名

3-13 遷居未呈報的教友

3-14 不可因教友未作經濟奉獻將其除名

3-15 自請除名的教友

3-16 通知被除名的教友

3-17 恢復被除名之教友的教籍

3-18 要求恢復教籍的申訴權

第九章　　教會職員及組織 ———————— **117**

第1節　　一般條件 ———————— 118

1-1 道德和宗教的適任要求

1-2 牧養及保護教會

1-3 尊重牧師和教會職員

1-4 不可倉促選任職員

1-5 反對合一之人不宜被選為職員

1-6 選任拒絕合作之人有其風險

1-7 參加選舉需具備當地教會教籍

1-8 在奉還什一方面應以身作則

1-9 非當然代表

1-10 職責的分配

1-11 除名與教籍恢復

第2節　任職期限 ——————— 123

第3節　長老 ——————————— 123

3-1 教會的宗教領袖

3-2 長老會

3-3 長老的按立

3-4 長老與牧師的關係

3-5 長老職權僅限於當地教會

3-6 主持教會的聚會

3-7 浸禮

3-8 婚禮

3-9 提倡什一

3-10 提倡查經、禱告以及教友的靈命成長

3-11 推動各部門事工

3-12 與區會合作

3-13 提倡全球佈道工作

3-14 長老的培訓與裝備

3-15 有效分配工作

3-16首席長老

3-17長老職權的限制

第4節　教會領袖 ——————————— 129

第5節　執事 ——————————————— 130

5-1 執事會

5-2 執事須被按立

5-3 執事未被授權主持

5-4 執事的職責

第6節　女執事 ————————————— 133

6-1 女執事會

6-2 女執事的按立儀式

6-3 女執事未被授權主持

6-4 女執事的職責

第7節　教會書記 ——————————— 136

7-1 未經表決不可添名或除名

7-2 教友的移名

7-3 與教友通信

7-4 通知參赴區會代表大會的代表

7-5 報告必須按時填寫並寄送

7-6 教會紀錄

第8節　教會司庫 —————————— 138

8-1 司庫保管教會一切款項

8-2 移交區會的款項

8-3 安息日學的款項

8-4 當地教會款項

8-5 其他附屬機構的款項

8-6 保障款項的正當用途

8-7 個人訂購文字書刊的款項

8-8 教友捐款的正確方式

8-9 向教友開具收據

8-10 匯款給區會的正確方式

8-11 保存單據

8-12 帳冊應受查核

8-13 為教友財務狀況保密

第9節　慕道友協調人 —————————— 143

第10節　教會部門及其他組織 —————————— 143

第11節　復臨得時／特殊需要事工 —————————— 144

11-1 聽障者的獨特文化

11-2 復臨得時／特殊需要事工領導人

11-3 復臨得時／特殊需要事工委員會

11-4 資源

第12節　兒童事工部 ————————— 146

12-1 兒童事工部協調人與委員會

12-2 資源

第13節　傳播部 ————————————— 148

13-1 傳播部書記

13-2 傳播委員會

13-3 聯合傳播委員會

第14節　教育部 ————————————— 150

14-1 教育部書記

14-2 家庭與學校協會

14-3 教會學校校董會

第15節　家庭事工部 ————————— 153

15-1 家庭事工部主任

15-2 家庭事工部委員會

15-3 資源

第16節　健康事工部 ————————— 155

16-1 健康事工部主任

16-2 健康事工部職員會

16-3 健康事工社或節制社

16-4 全球健康事工部安息日捐

16-5 資源

第17節 音樂部 ———————— 157

17-1 揀選音樂協調人

17-2 揀選音樂人才

第18節 公共事務及宗教自由部 ———— 158

18-1 宗教自由部主任

18-2 宗教自由協會

18-3 資源

第19節 出版事工部 ———————— 159

19-1 文字佈道士銷售印刷品

19-2 教友分享印刷品

19-3 出版事工部協調人

19-4 出版事工部職員會

19-5 資源

第20節 安息日學及個人佈道部 ———— 160

**安息日學部**

20-1 安息日學職員會之成員

20-2 安息日學主理及其他職員

20-3 安息日學分班領導人

20-4 安息日學教員

20-5 安息日學捐

20-6 資源

## 個人佈道部

20-7 個人佈道部職員會

20-8 個人佈道部職員

20-9 復臨人團契

20-10 聖經學校協調人

20-11 復臨信徒社區服務部主任及多加會會長

20-12 資源

第21節　預言之靈著作部 ———————— 167

第22節　管家事工部 —————————— 167

22-1 管家事工部主任

22-2 資源

第23節　婦女事工部 —————————— 168

23-1 婦女事工部主任及委員會

23-2 資源

第24節　復臨青年事工部（AYM）———— 170

24-1 復臨青年事工委員會

24-2 成青事工委員會

24-3 校園事工

24-4 校園事工團長／協調人

24-5 大使／少青事工

24-6 大使／少青事工委員會

24-7 前鋒會

24-8 前鋒會委員會

24-9 冒險家／幼鋒會

24-10 冒險家／幼鋒會委員會

24-11 復臨青年事工部職員

24-12 復臨青年事工部指導

24-13 資源

第25節　就任典禮 —————————— 178

**第十章　選舉** —————————————— **179**

第1節　提名委員會和選舉過程 ————— 180

1-1 會議的規定人數

1-2 提名委員會的選派時間和方式

1-3 提名過程

1-4 提名委員的資格

1-5 提名委員會的工作

1-6 提名委員會徵詢未來職員

1-7 教友可向提名委員會陳述意見

1-8 提名委員會的討論需保密

1-9 向全體會眾報告

1-10 反對提名委員會的報告

1-11 補缺

第2節　選派代表出席區會代表大會 ——— 185

2-1 選舉代表

2-2 代表的職責

2-3 區會職員的責任

2-4 區會執行委員會

## 第十一章　教會的各種聚會和其他會議 ——— **189**

第1節　一般原則 ——— 190

1-1 聚會的目的

1-2 對上帝之殿的敬重

1-3 當教導兒童敬重

1-4 在上帝的殿中要守禮並安靜

1-5 殷勤接待

第2節　音樂在聚會中的地位 ——— 192

2-1 音樂的力量

2-2 當以心靈和悟性歌唱

第3節　講道台非論壇 ——— 193

第4節　保持合一的重要性 ——— 195

第5節　安息日學和崇拜聚會 ——— 197

5-1 安息日學

5-2 報告與部門事工提倡

5-3 崇拜聚會

5-4 在技巧、研究和計畫上的要求

5-5 聚會的形式

5-6 教會外展（佈道）聚會

5-7 公眾的禱告

5-8 在安息日供應印刷品

第6節　聖餐禮 ——————————— 200

6-1 謙卑禮（洗腳禮）

6-2 主的晚餐

6-3 無酵餅和未發酵的酒（葡萄汁）

6-4 主耶穌被釘十字架的紀念

6-5 宣告復臨

6-6 通知舉行聖餐禮

6-7 舉行聖餐禮

6-8 參加聖餐禮的資格

6-9 每位教友都應參加

6-10 主持聖餐禮的資格

6-11 為未能參加的教友舉行聖餐

第7節　禱告聚會 ——————————— 206

第8節　事務會議 ——————————— 207

第9節　堂董會及其會議 ————————— 209

9-1 定義與功能

9-2 靈性的培養

9-3 門徒培訓

9-4 堂董會委員

9-5 教會職員

9-6 會議

9-7 堂董會的工作

9-8 堂董會委任之委員會

第10節　財務委員會 —————————— 215

第11節　教會學校校董會 —————————— 216

第12節　家庭與學校協會會議 —————————— 216

第13節　青年集會 —————————— 216

13-1 資深青年事工集會（大使／少青和成青）

13-2 校園事工集會

13-3 少年事工集會（冒險家／幼鋒會和前鋒會）

**第十二章　財務** —————————— **219**

第1節　管家 —————————— 221

第2節　十分之一 —————————— 222

2-1 有系統的捐獻與團結

2-2 十分之一的用途

2-3 如何奉還十分之一

2-4 教會和區會行政人員應以身作則

第3節　捐獻 ─────────────── 224

3-1 安息日學捐

3-2 其他捐獻

3-3 向某地區做特別捐獻

3-4 賙濟窮人

3-5 當地教會費用預算

第4節　一般財務規則 ──────────── 226

4-1 募捐的規則

4-2 不正當的籌款方式

4-3 十分之一和捐獻非私人信託基金

4-4 籌款建築或購買教堂

4-5 捐款的處理與記帳

4-6 查帳

第十三章　基督徒的生活標準 ──────── 231

第1節　在基督耶穌裡上帝崇高的恩召 ── 232

第2節　讀經和禱告 ───────────── 233

第3節　與社區的關係 ───────────── 234

第4節　謹守安息日 ———————— 235

第5節　對崇拜之處的尊敬 ———————— 237

第6節　健康與節制 ———————— 238

第7節　服裝 ———————— 239

第8節　簡樸 ———————— 241

第9節　現代媒體 ———————— 241

第10節　康樂活動與娛樂 ———————— 243

第11節　音樂 ———————— 244

## 第十四章　婚姻、離婚與再婚 ———————— 247

第1節　社交關係 ———————— 248

第2節　教養與陪伴 ———————— 250

第3節　戀愛期 ———————— 251

第4節　婚前教育／輔導 ———————— 253

第5節　婚姻 ———————— 253

第6節　離婚 ———————— 257

第7節　教會關於離婚和再婚的立場 ———————— 258

第8節　地方教會的家庭事工 ———————— 262

第十五章　基督復臨安息日會基本信仰 —————— 265

教會規程註釋

第九章 ————————————————— 284

第十章 ————————————————— 290

第十一章 ——————————————— 293

第十二章 ——————————————— 300

經文索引 ——————————————— 303

懷著和其他資料索引—————————— 309

教會規程
Church Manual

# 第 1 章

# 教會規程編製
# 的背景原因

## WHY A CHURCH MANUAL?

基督復臨安息日會為什麼需要一本《教會規程》？透過上帝的創造和救贖大工，我們清楚地看見上帝是一位重視秩序的神。因此，上帝的教會必須要有秩序。秩序乃是透過指引本會內部運作以及完成傳福音之使命的原則和規章來達成的。為了成為一個服事上帝也服務人的成功教會組織，本會需要秩序、規章和紀律。聖經教導說：「凡事都要規規矩矩地按著次序行。」（林前14:40）

懷愛倫師母於1875年描述了秩序的重要性：「基督的教會常常處於憂患之中。撒但正致力於毀滅上帝的子民。個人的思想和判斷是絕不足以信賴的。基督期望將祂的信徒集合在教會團體之內，有次序，有規則，重紀律，彼此順服，各人看別人比自己強。」（《教會證言》卷三，原文第445頁）

但是，儘管本會在成立初期每年都召開總會代表大會，並且代表們也就教會內部秩序和生活方面的事務進行投票表決，本會的領袖卻未能迅速編訂一本關於教會管理的規程。終於，總會代表大會於1882年議決：「為教會職員預備各項指引，刊載在《評閱宣報》裡，或印成小冊子。」──1882年12月26日，《評閱宣報》。由此可見，眾人越來越意識到秩序在保障教會工作成效方面的重要性，而且為了建立統一標準，就必須把指引的原則編纂成書。

然而，在1883年總會代表大會期間，當有人提議把各樣規

章以永久的形式編輯成一本教會規程時，代表們否定了這項提議。他們深恐此舉將使教會趨於形式化，並剝奪了傳道人可按個人意願處理教會相關事務的自由。

毫無疑問，這種擔憂反映了二十年前信徒對成立任何組織形式的抗拒。但顯然沒多久這種擔憂就緩和了。一年一度的總會代表大會持續就有關秩序的事務進行表決。

儘管本會當時公開表明拒絕編輯一本教會規程，但是領導們每隔一段時間就會把那些已被普遍接受、約束教會生活的規則收集起來，以書或小冊子的形式出版。其中最令人注目的是一本由教會先驅魯弗波洛（J. N. Loughborough）於1907年出版的《教會：組織、秩序與紀律》。全書共184頁，涉及了很多本書所涵蓋的議題。

隨著本會在20世紀初於全球快速增長，教會越來越認識到出版一本供全球各地的牧師和平信徒使用的教會規程有其迫切性。1931年，總會執行委員會議決通過出版一本教會規程。稍後成為全球總會會長的麥海尼（J. L. McElhany）起草了書稿。1932年，該書正式出版。

第一版前言的開場白就是：「我們越來越看到教會需要一本有關教會管理的手冊，以確立並保存本會的實踐與行政制度。」

請留意「保存」一詞；教會並非是心血來潮地創建出一整套管理制度來強加於教會頭上，而是為了把多年來已採用的正確決議加以「保存」，然後再加上一些因教會快速增長、教會生活越加複雜而需要的規章。

## 第1節　教會規程的權限與功能

《教會規程》從1932年開始以現有形式出版至今；其描述地方教會的運作和功能，以及與所屬之教會組織架構的關係。《教會規程》也闡述了本會對建基於聖經原則以及合法召開的全球總會代表大會的權威之上的基督徒生活、教會治理及紀律的理解。「上帝已命定從祂各地的教會派遣出席總會大會的代表們具有權柄。」(《教會證言》卷九，原文第261頁)

《教會規程》的內容分為兩種資料。每一章的內容都具有普世價值，並適用於各教會或組織、會眾和教友。同時我們也意識到在規程的某些部分需要提供一些不同的作法，或需要更多範例及補充資料，這部份內容將以註釋(備註)呈現於本書結尾。註釋都有標註與對應篇章相同的副標和主文頁碼。

本會的標準和實踐以聖經原則為基礎。《教會規程》闡述了這些有預言之靈支持的原則。我們必須在一切跟地方教會的管理和運作有關的事務上遵循這些原則。《教會規程》也定義了地方教會與區會或其他本會組織實體的關係。任何企圖設定教籍標準或試圖制訂、執行違背總會代表大會做出之決議以及

《教會規程》明定之規章的舉動都是不允許的。

## 第2節　進行修訂

　　全球總會多年來對《教會規程》進行了多次重要修訂。認識到本會在全球各地「合宜、有序地」開展聖工的重要性，全球總會代表大會於1946年做出以下決議：「《教會規程》中任何必須進行的更改或修正都應獲得總會代表大會的授權。」（1946年6月14日，《全球總會報告》第8號，原文第197頁）

　　1948年，全球總會委員會意識到，因應地方實際情況有時需要特別措施，於是作出決議：「全球每一分會，包括北美分會在內，都應為新的《教會規程》預備一份『增補內容』；此份資料並不是對《教會規程》作出修改，而是加添一些適用於當地分會之普遍條件與情況的資料。在付諸印刷之前，這些增補內容要交由全球總會委員會批准。」（《秋季會議決議》，1948年，原文第19頁）

　　2000年總會代表大會授權將當時《教會規程》的一些內容編入註釋部分，作為指引和範例，而非作為強制性的內容。除了註釋和文字編輯方面的修正，其他對《教會規程》作出的修改都只能在全球總會代表大會表決通過之後進行，因為來自全球教會的代表可以發表意見、投票表決。如果地方教會、區會或聯合會想提議修改《教會規程》，應將提議上呈至上一級的教會組織進行研討並聽取意見。如果上一級組織批准了提議，

就會將建議的修訂呈交給更高一級的教會組織作進一步的評估。如果各級組織都批准了該項提議，那麼提議最終就將轉呈至負責對所有提議進行研討的全球總會「教會規程委員會」。如果全球總會教會規程委員會批准了該項提議，就會預備好向總會年議會及／或總會代表大會提出。

對註釋的修訂也依循同樣的程序進行。全球總會執行委員會可在任何年議會批准註釋（備註）的修訂。

教會規程委員會會定期將有關《教會規程》主要內容中非實質性、屬文字編輯方面的修改提議呈交總會執行委員會年議會，由其做出最終的批准。但是，如果年議會有三分之一的委員投票認為所作的文字編輯修改在實質上改動了原段落的意思，所提議的修改就必須提交給全球總會代表大會進行表決。

在五年一次的全球代表大會召開之前的最後一次年議會中，全球總會執行委員會將對所有針對備註的修改進行檢視，並且協調所有對《教會規程》中主要內容提議的修訂。

總會於每次全球代表大會之後出版新版《教會規程》。教會應採用最新版本。本書已採納本應於2020年舉行、卻延至2022年的總會代表大會期間所作出的修訂。

## 第3節　教會規程釋疑

教會職員及領袖、牧師、教友應就教會運作管理過程中發

生的問題，或閱讀《教會規程》產生的疑問向區會徵求意見。若大家無法取得共識，應向所屬聯合會尋求澄清。

## 第4節　教會規程的專業術語

**本會**——為避免冗長的編輯並節省印刷資源，此書會以「本會」一詞取代「基督復臨安息日會」之全名，泛指基督復臨安息日會的整體組織，而不是指某一地方教會或聚會群體。

**區會、差會、傳道區、代表團、工作區、聯合教會**——同上述原因；此書會以「區會」一詞來統稱「區會（conference）、差會（mission）、傳道區（section）、代表團（delegation）、工作區（field）、聯合教會（union of churches）」等教會組織，具體名稱根據其在行政架構中的地位來定。一般來說，每一個聚會群體都是被稱為「區會」的當地教會團契組織的一成員。根據全球總會的《工作規章》（Working Policy），地方教會組織在尚未達到「區會」的層級之前可以被稱為差會、傳道區、代表團或工作區。在某些分會，聯合教會在某些特定國家內乃是像區會一樣在地方事務上發揮功能，而在其他教會組織的事務上則像聯合會一樣發揮功能。（見本書第3章《組織與權限》）

**牧師和傳道人**——本會在很多地區都使用「牧師」一詞來稱呼神職人員，所以，不管地方區會安排什麼樣的職責，本書也採用「牧師」而不是「傳道人」。本書這樣做並不表示在傳統上該使用「傳道人／教士」的地方應強制使用「牧師」一詞。本

《教會規程》內的「牧師」一詞，乃是泛指那些受區會委任、監管地方教會或教區事務的人。

**經文引述**——本書援引之聖經章節乃參照新標點和合本上帝版。

# 第 2 章

# 永生上帝的教會

CHURCH OF THE LIVING GOD

聖經以不同的詞語來描述教會，比如「上帝的教會」(徒20：28)、「基督的身體」(弗4：12) 和「永生上帝的教會」(提前3:15)。

歸屬上帝的教會是一種獨特的、使人心靈滿足的特權。上帝的旨意就是從世界各地召集一群百姓，使他們組成一個身體，就是基督的身體。基督正是這個身體永活的元首。凡在基督耶穌裡作上帝兒女的人都是這個身體的肢體，他們在這樣的關係裡享受彼此的交誼，並且與主相交。

聖經使用「教會」一詞至少有兩層意義：一是泛指全世界的教會 (太16：18；林前12：28)；二是專指一個城市或一個省的教會，如羅馬教會 (羅1：6、7)、哥林多教會 (林前1:2)、帖撒羅尼迦教會 (帖前1：1)、加拉太的眾教會 (林前16：1)、亞西亞的眾教會 (林前16:19)、敘利亞和基利家的眾教會 (徒15:41)。

基督作為教會的元首及永生之王，對於祂身體的各肢體有著深切的愛。祂要在教會中得著榮耀 (弗3：21)；透過教會，祂彰顯出「上帝百般的智慧」(弗3：10)。祂天天「保養顧惜」教會 (弗5：29)，渴望她「作個榮耀的教會，毫無玷污、皺紋等類的病，乃是聖潔沒有瑕疵的」(弗5:27)。

## 第1節　沒有隔斷的牆

基督藉著典章和榜樣教導一項真理：依照上帝的心意，以色列和其他民族之間不應該有隔斷的牆 (約4:4-42；10:16；路9:51-56；

太15:21-28）。使徒保羅說：「這奧祕就是外邦人在基督耶穌裡，藉著福音，得以同為後嗣，同為一體，同蒙應許。」（弗3:6）

基督的信徒擁有同一血脈，不分階級、國籍、種族或膚色的優劣。上帝的選民是遍布四海的兄弟姐妹、全新的族類，「並不分猶太人、希臘人，自主的、為奴的，或男或女，因為你們在基督耶穌裡都成為一了。」（加3:28）

「基督將仁慈和赦免的信息帶給了世人。在祂所立的宗教根基上，猶太人和外邦人、黑人和白人、自主的和為奴的，都因為這種兄弟姐妹的關係而連結在一起；他們在上帝的眼中都是平等的。救主對每一個世人都懷有無窮的愛。」（《教會證言》卷七，原文第225頁）

「上帝不承認任何因國籍、種族或階級而有的區別。祂是全人類的創造主。眾人都因創造而屬於同一個家庭，更因救贖而合為一體。基督來乃是要拆毀那隔斷的牆，並敞開聖殿中的各種間隔，使人人都能自由地進到上帝的面前。……在基督裡並不分猶太人、希利尼人、自主的、為奴的。眾人都靠著祂的寶血已經得親近了。」（《基督比喻實訓》，或譯《天路》，原文第386頁）

## 第2節　基督看為至寶的教會

那些為基督服務並且蒙召作教會領袖的人，要負責「照管上帝的教會」（提前3:5）、「牧養上帝的教會」（徒20:28）以及負擔

「為眾教會掛心的事」(林後11:28)。

「我要向弟兄姊妹證明：基督的教會雖然軟弱且有缺點，仍是祂在地上看為至寶的唯一對象。祂一方面向全世界的人發出邀請，要他們來就近祂，以至得救。同時祂也委派祂的天使，給予每一認罪悔改的人以神聖的幫助，並藉著祂的聖靈，親自臨格在祂的教會之中。」(《給傳道人的證言》原文第15頁)

作為基督的新婦、祂眼中的至寶，教會必須在一切的功能上都體現出神聖的秩序與品格。

「現今教會應穿上她那華美的衣服——就是『基督為我們的義』。在高舉上帝誡命和耶穌真道的事上，應恢復那原有明確的特點，將它公之於世。教會要在她原有的光彩上更顯出聖潔的榮美，而與那些背棄上帝律法之不忠分子的醜惡及黑暗成一對比。這樣我們就是承認上帝，也承認祂的律法乃是天上政權的基礎，並應通行於祂在地上的諸國之間。應在世人面前明白和顯示祂的權威；凡與耶和華律法相衝突的，均不應加以認可。如果輕視上帝的安排而聽任世人影響我們的決定或行動，那就使上帝的計畫失敗了。不論藉口是如何動聽，如果教會在此事上動搖，則在天上的案卷中，就要給她寫下一個背棄最神聖之委託與背叛基督之國的罪名。教會若在整個宇宙萬有及世上各國之前，堅決持守她的原則；忠貞維護上帝律法的尊嚴與神聖，則連世人也將予以注意與讚賞，並且許多人也將因他們

所見的好行為而被引領，以至將榮耀歸與我們在天上的父。」
（《給傳道人的證言》原文第16、17頁）

使徒保羅寫道：「惟有你們是被揀選的族類，是有君尊的祭司，是聖潔的國度，是屬上帝的子民，要叫你們宣揚那召你們出黑暗入奇妙光明者的美德。」（彼前2:9）

## 第3節　在基督裡得以完全

「主已經為祂的教會準備了各種的能力與福分，使教會可在世人面前顯明祂自己全能的形像，並使教會在祂裡面得以完全，經常代表另一個世界，就是那永存的世界，以及那超越世上一切律法的律法。祂的教會要成為按照神聖樣式而建造的聖殿，那負責建築的天使，曾從天上帶來測量的金杖，故此每塊石頭都是按照神聖的尺寸鑿成的，並且磨光作為天國的標記，向各方放射出那公義日頭的清明光輝……

「藉著顯示祂的憐憫與豐盛的恩惠，主耶穌在世人的心靈作試驗。這些心靈產生的變化是非常驚人的。甚至連那趾高氣揚、擁有大批惡黨、反抗上帝及其政權律法的撒但也看出這些心靈是他用詭辯與欺騙也無法攻破的堡壘。於他而言，這真是不可思議的奧祕！上帝的眾使者，撒拉弗和基路伯，以及奉命與人間代表合作之大能者，無不以驚奇歡樂的心情，觀望這些曾為可怒之子的墮落人們，如今經過基督的訓練，按照神聖的樣式而造就了品格，得以成為上帝的兒女，在天國的一切活動

和福樂上，佔有重要的一份。

「基督已將充分的輔助賜給祂的教會，使祂可從自己贖買的產業中，獲得極大榮耀的回報。教會既蒙賜予基督的公義，就成為祂的儲藏所，並且藉著祂，祂的憐憫、慈愛與恩惠的財寶，最後必要完全顯示出來……

「基督必因祂子民無玷污的純潔與無瑕疵的完全，把他們看為自己一切苦難、屈辱和慈愛的回報，以增益祂的榮耀——基督自己乃是那放射一切榮耀的偉大中樞。凡被請赴羔羊之婚筵的有福了。」（《給傳道人的證言》原文第17-19頁）

教會要獻身於持守上述原則，以促進基督的教會在靈性上合一。藉著基督的義所帶來的和平和力量，教會誓要拆毀罪在人與人之間樹立的各種障礙。

第 **3** 章

## 組織與權限
ORGANIZATION AND AUTHORITY

教會的組織乃是建基於上帝的原則。「永不容許任何人的想法來動搖你對於教會中應有之秩序和融洽所存的信心。……天國的上帝是一位有序的上帝，祂要求跟隨祂的人遵守規則、法度和保持秩序。」《教會證言》卷五，原文第274頁)

## 第1節　組織的聖經依據

當上帝呼召以色列人出埃及並揀選他們作自己特選的子民時，祂為他們預備了一套明確的組織系統，以便管理他們的民間及宗教事務。

「以色列人的政體是以組織完善著稱的，這組織的完備、簡明，同樣令人嘆服。上帝一切創造之工的完善和整齊所表現的秩序，都在希伯來的制度中顯明出來。上帝是權威和政體的中心，是以色列的王。摩西是他們看得見的領袖，是由上帝所委派奉祂的名執法的。從各支派的長老中選出了七十個人組成議會，在國家的一般事務上協助摩西。其次就是在聖所中祈求耶和華指示的祭司，和各支派的首領或官長。在他們手下還有『千夫長、百夫長、五十夫長、十夫長』；最後，就是為特別的事務而選用的職員。」《先祖與先知》原文第374頁)

新約時代的教會也在組織上表現出同樣的完備。那位親自建立教會的基督(見太16：18)「隨自己的意思把肢體俱各安排在身上了」(林前12：18)。祂將各種恩賜和才能充分地賦予各肢體，使之發揮所託付的功能，並且將他們組織成為一個以祂為

元首的、具有生命力的、做工的肢體。

「正如我們一個身子上有好些肢體，肢體也不都是一樣的用處。我們這許多人，在基督裡成為一身，互相聯絡作肢體，也是如此。」（羅12:4、5）「他也是教會全體之首；他是元始，是從死裡首先復生的，使他可以在凡事上居首位。」（西1:18）

「恩賜原有分別，聖靈卻是一位。職事也有分別，主卻是一位。」（林前12:4、5）「就如身子是一個，卻有許多肢體；而且肢體雖多，仍是一個身子；基督也是這樣。」（林前12：12）「你們就是基督的身子，並且各自作肢體。上帝在教會所設立的：第一是使徒，第二是先知，第三是教師，其次是行異能的，再次是得恩賜醫病的，幫助人的，治理事的，說方言的。」（林前12:27、28）

## 第2節　組織的重要性

人的肢體若不是有機地聯合在一起、共同發揮功能，就是一具毫無生命的軀殼。同樣，除非教會成員被組織成一個團結而屬靈的肢體，並齊心協力在一個神聖設立的權威指引下履行從上帝領受的職責和發揮功能，否則也不可能有一個生機勃勃、不斷成長且興旺的教會。若無組織，任何機構或運動都不能蓬勃發展。一個缺乏政府架構的國家必定會陷入混亂。一個無組織的企業必致失敗。一個沒有組織的教會也會四分五裂而後消亡。

　　為了使教會健全地發展，並且完成將救恩的福音傳遍天下的使命，基督賜給教會一種簡單有效的組織制度。教會為完成使命所作的努力能否獲得成功，就在乎是否忠心遵循這一神聖的模式。

　　「有人提出這樣的想法：在我們臨近末時之際，每一個上帝的兒女要脫離任何宗教組織、單獨行動。然而我曾蒙主指示，在聖工上，沒有人是獨來獨往的。」（《給傳道人的證言》原文第489頁）

　　「若是撒但的企圖真能得逞，在最需要完備的組織時，混入我們中間從事破壞，他將是多麼得意啊！完備的組織原是必需的，而且具有最大的力量以避免虛妄的騷亂，並可以駁斥上帝聖言所不認可的主張。我們要保持陣線的完整，使那經過精心的努力而建設起來的制度與規律不致被破壞。我們絕不允許任何搗亂分子在這個時刻支配我們的工作。」（《給傳道人的證言》原文第489頁）

## 第3節　組織的宣教目的

　　我們的使命在世界任何地方都不會改變。基督復臨安息日會是為傳教而組織的。然而，由於不同的文化和社會規範，我們在實現這一使命的方式上必然會採取各種形式。嘗試在跨文化語境中傳播福音時，我們會遇到一些社會群體將其特定的宗教文獻視為神聖，有時會有宗教自由的限制，或存在不同的觀

點和做法以及其他挑戰。為了在如此多元化的環境中完成使命，我們依靠聖靈的指引，並採用靈活的方法，以觸及心靈的方式分享上帝的愛，同時保留我們作為基督復臨安息日會的獨特呼召和身分。

基督復臨安息日會在向其他宗教信仰的人分享耶穌的信息時所面臨的條件，在很大程度上與使徒們所面臨的條件是相等的。他們如何完成使命對現今的我們極富啟發性。雖然他們會根據受眾調整傳講福音的方法，但他們始終堅定宣告耶穌是世人唯一盼望的獨特性。他們從來沒有暗示他們是為了幫助聽眾在既有的宗教中尋求更深層次的精神體驗；相反，他們挑戰他們歸向基督所提供的救恩。

為了帶領所有人進入與耶穌基督的救贖關係，並加入餘民教會，應該成立小組。在成立此類小組時，應虔誠地制定和遵循一個在神學上合理、符合文化背景的行動計畫，以指導這些新信徒加入教會。這些小組的建立和培育應與當地教會的管理部門合作，並根據世界教會的指導原則進行。這些小組的領袖應該力求帶領人們加入基督復臨安息日會。

教會是一個傳教社區，其組織的存在正是為了實現這一目的。

「我們的人數既已增加，若無某種組織的方式，顯然必發

生極大的混亂，而工作也就無法順利進行了。為了維持傳道事工，為了在新的地區推進工作，為了保障教會及傳道人雙方免受不良分子的危害，為了保持教會的產業，為了真理書刊的印行，以及為了許多其他的目的，組織乃是不可或缺的。」（《給傳道人的證言》原文第26頁）

「一切自稱為基督徒的人，既身為有形教會的分子，又是在主葡萄園中作工的人，就當竭盡所能地在教會中保持和平、融洽和仁愛的心。請注意基督的祈禱：『使他們都合而為一；正如你父在我裡面，我在你裡面，使他們也在我們裡面：叫世人可以信你差了我來。』教會的團結一致，可作為令人信服的憑據，證明上帝曾經差遣耶穌到世上來，作世人的救贖主。」

（《教會證言》卷五，原文第619、620頁）

## 第4節　新約的榜樣

主將福音傳遍天下的使命託付給教會（太28：19、20；可16：15），其意義不僅在於傳揚福音，也在於保障那些接受福音之人的權益。其中包括對信徒的牧養及庇護，以及處理人際關係中的各種問題。組織就是因應這種情形的需要而產生的。

早期使徒們設立了一個議會，從耶路撒冷指導初期教會的各種活動（徒6：2；8：14）。隨著信徒團體日益擴大，管理日常事務的問題越來越多。教會就選舉了執事來處理教會的一切事務（徒6:2-4）。

後來，信徒不但在亞洲發展迅速，而且在歐洲也越發增多。因情勢使然，教會組織需進一步發展。在小亞細亞，「在各教會中選立了長老。」（徒14：23）當聖工擴展至羅馬帝國各行省時，教會就形成了一些聯合組織，相當於現在的「區會」（加1：2）。早期教會就是這樣逐步組織起來的。既有了需要，上帝就領導負責聖工的領袖們，經過與會眾商討之後，發展出一種維護聖工利益的組織形式。

## 第5節　現今的教會組織

基督復臨安息日會採用代表制的行政模式。這種模式承認教會的權力在於信徒，並且透過各個組織層級合法選出的代表來行使。教會的各級行政責任則託付予各級代表機構及行政人員。《教會規程》也將這種代表制的原則應用於地方教會的運作。非自養區會或聯合會（差會）之代表權問題由其運作章程來定義；而自養區會或聯合會之代表權問題則由其「憲章」（constitution）和「施行細則」（bylaws）來管理。這種行政管理模式也承認，按立聖職的身分在全球範圍的教會都當被認可。

「教會的每一個成員都可以就選舉教會行政人員表達意見。教會選出各州（省）的區會行政人員。州（省）區會選出的代表們再選出聯合會的行政人員。聯合會選出的代表們最後選出全球總會的行政人員。透過這樣的制度，每一個區會、機構、教會、信徒都在那些擔負全球總會主要責任之人士的選舉

過程中，直接或透過代表們間接地表達了意見。」（《教會證言》
卷八，原文第236、237頁）

本會目前組織系統的建立，源自本會對教會使命不斷發展
的神學認知、教友增長以及教會分布區域的擴展。1863年各區
會的代表們開會成立了基督復臨安息日會全球總會。

從當地信徒到全球性的聖工組織，教會內部有幾個組織
層次。每個層次的成員單位定期召開名為「年議會」或「代表
大會」的正式事務會議。地方教會召開的代表大會一般被稱為
「事務會議」。在基督復臨安息日會的架構裡，任何機構都不
可以決定自己的身分，也不可以罔顧其對全球教會大家庭所負
的責任而任意妄行。

## 第6節　本會組織概要

❶ **地方教會**：由一群信徒在一個明確地點所成立的、經區
會代表大會正式批准的教會。

❷ **地方區會**：有一個明確地域、由一群地方教會所組成、
經分會執行委員會的年中會議、年終會議或分會會議正式批
准、被聯合會代表大會接納為成員的基督復臨安息日會之地方
區會／差會／佈道區。（見本書第29頁）

❸ **聯合教會**：有一個明確地域、由當地各區會組成、經
全球總會代表大會正式批准的教會組織。其財務狀況可能是自

養，也可能是非自養。

❹ **聯合會／差會**：有一個明確地域、由當地各區會組成、經全球總會代表大會正式批准的教會組織。財務狀況能自養稱聯合會，不能自養稱聯合差會。

❺ **全球總會與其分會**：全球總會代表了本會在全球範圍的教會，代表成員由其「憲章」（Constitution）定義。為了便於在全球開展工作，全球總會在各個地區設立了辦公室，稱為「分會」。經全球總會執行委員會年議會的表決批准，分會被委派負責管理在指定區域內的聯合會及其他教會單位。

聖經是信仰和行為實踐的基石與根源。基於這一點，全球總會代表大會在召開時決定本會基本信仰的宣言。全球總會代表大會在召開時也授權設立聯合會與附屬的佈道區，修訂《教會規程》，選舉全球總會和分會的領導團隊、發揮《全球總會憲法與章程》中列出的其他功能，以及討論經總會執行委員會轉介的事項。在全球總會代表大會休會期間，全球總會執行委員依照全球總會「憲章」（Constitution）與「施行細則」（Bylaws）所賦予的權力，代表所有選民為各項事務作決定。因此，本會在全球各地的組織均認可全球總會代表大會就是本會意見的最高表述。

## 第7節　機構的功能

本會在不同組織層面都經營著為數不少的教育、醫療、出

版及其他機構。藉著這些機構，教會奉基督之名向生活在這個亂世的人民提供幫助。根據本會的神學觀和宗旨，這些機構從創辦之始，就是為了實現教會的救靈使命——服務全人、把福音傳遍天下——所不可缺少的工具。

本會任何一個教會組織或機構都不會僅僅因為它隸屬本會，而為本會另一個組織的責任險、債務、行為或疏忽承擔責任。

## 第8節　早期教會的權限

上帝作為創造者、救贖者和維持者、萬物之主和君王，唯獨祂是教會權柄的來源。祂將權柄託付給祂的先知和使徒（林後10：8）。因此，他們在傳揚上帝的話語及教導教會相關事項方面，具有其重要且獨特的地位（弗2：20）。

早期教會在維護教義和信仰實踐的純正上負有重大責任。長老（或監督）有很大的權柄。他們的主要職務是牧養與監督（徒20：17-28；來13：17；彼前5：1-3）。另外還有一些特別的工作，例如教導健全的教義、駁斥那些違背的人（提前3：1、2；多1：5，9）。他們蒙教導要「試驗那些靈是出於上帝的不是」（約一4：1），或者用保羅的話來說，就是要「凡事察驗，善美的要持守」（帖前5：21）。

在紀律方面，要做出處分時也是一樣（太18：15-17）。處分的方式包括從私下的規勸，充滿愛心的警告（比較太18：16；加6：

1)，甚至是到開除教籍（太18:18; 林前5:11，13; 林後2:5-11）。

因此，教會有權柄決定教會管理的規則。

## 第9節　全球總會作為最高權力機構

在當今的教會，全球總會代表大會是管理教會運作的最高權威機構；而在全球代表大會的休會期間，最高權威則是全球總會執行委員會。全球總會執行委員會根據其憲章，有權設置下屬組織來開展各自的工作。因此，本會的所有下屬組織與機構公認全球總會代表大會，以及在代表大會休會期間的全球總會執行委員會，乃是在上帝之下、於基督復臨安息日會信徒當中最高的權力機構。

當教會與區會或機構內部或之間產生糾紛時，無法解決的問題可以向更上一級的組織申訴。如果上一級無法解決問題，可以向更高層的組織申訴。上層組織可以選擇不理會所收到的申訴，而申訴人所屬最高機構的決定就是最終決議。當一個組織審核其他組織所做出的決議時，它並不會承擔其他組織的責任風險。

「我屢蒙主指示：無論何人的見解，都不應屈服於任何其他一人的見解之下。絕不可將一個人或少數人的意見視為具有充分的智慧和權力，足以管理工作並決定應行的計畫。但是在全球總會會議的時候，從各地來出席之弟兄們的意見一經議

定，則自恃的心理和個人的見解便應放棄，絕不可固執堅持。任何工人都不可剛愎地堅持自己的立場而反對大眾的決議、還自以為美。」(《教會證言》卷九，原文第260頁)

# 第 4 章

# 牧師及其他教會職員

## PASTORS AND OTHER CHURCH EMPLOYEES

# 第1節　上帝所委派的事工

「上帝設立了教會，而且上帝把聖工委派給了祂的教會。『祂所賜的有使徒、有先知、有傳福音的、有牧師和教師；為要成全聖徒，各盡其職，建立基督的身體：直等到我們眾人在真道上同歸於一，認識上帝的兒子，得以長大成人，滿有基督長成的身量。』……

「上帝所委派的人之所以蒙召是要極度審慎、堅忍儆醒地守望教會，使教會不被撒但的詭計所傾覆，卻在世上堅定，並在人間推展上帝的榮耀。」（《給傳道人的證言》原文第52、53頁）

**1-1 區會會長**——區會會長應該是一位經驗豐富且聲譽良好的、經按立的牧師。他是區會福音事工的領袖，也是所有教會的首席長老或監督者。他的工作致力於謀求各教會靈性之福祉、指導教會的一切活動和計畫。他有權進出各個教會，參加各種聚會、事務會議以及堂董會；但如果沒有教會同意，他不享有投票權。有鑑於他的職務，他可在必要時主持任何教會會議。他有權查閱教會所有的紀錄。

會長無權撇開教會正式選出的職員行事，而是要與他們通力合作。同樣，基於對區會的尊重，教會也應該與會長磋商所有與教會有關的事宜，他們不可試圖排斥會長應該履行的職責。

**1-2 區會部門幹事**——在區會執行委員會(以下各章簡稱「區會執委會」)的指導下並且在與區會會長的緊密合作下,區會部門幹事為本會各方面的事工盡職盡責。為使指派給他們的工作得以順利進行,幹事必須有權進出各教會,介紹並發展他們的工作計畫。幹事對自身部門之外的教會工作計畫也應予以關注和支持。

各部門的幹事並未被賦予行政或執行的權力,他們的工作對於地方教會僅屬顧問性質。他們的工作與教會的關係,跟區會執委會或會長與教會的關係,兩者是有所區別的。他們要在全區會內為倡導自己部門的工作而努力。若非出於區會會長特別要求,他們不應對各教會的選舉和管理職務(或其他方面的工作)給予意見。

**1-3 按立的牧師**——區會執委會指派牧師去擔任堂主任或區主任之職,但牧師不能在所管轄地區內取代會長的地位。他們並沒有被授予區會會長的行政權力,而是要透過與會長合作來推行區會的計畫和政策。

牧師被委派擔任某教會的堂主任時,長老應為牧師的助手。牧師已被按手從事傳道工作,因此他有資格主持教會的一切禮節和儀式。他應該是全體會眾的屬靈領袖和顧問。他應該在教會各部門的工作和活動方面提供指導予教會職員,讓職員了解所有的職責和計畫。

　　牧師應該擔任堂董會的成員，並擔任主席一職。倘若堂主任選擇不擔任教會堂董會主席的職務，教會的一位長老就應接替此職，並與堂主任彼此合作（見本書第125頁）。牧師在各長老的協助下，需要負責帶領教會的各種屬靈聚會（例如安息日上午的崇拜聚會和禱告聚會），並主領聖餐禮和洗禮。牧師不應自行揀選他顧問團的成員，而是應該經常與正式選出的教會職員合作。

　　當佈道家受邀在某地區舉行佈道會時，區會應同步邀請該地區的堂主任協助。這樣，堂主任就有機會認識未來的教友。

　　教會的堂主任或助理堂主任不是由教會提名或選舉，而是由區會執委會委任，而且委任可能隨時更改（見本書第125頁）。

　　當一個牧師根據區會執委會的議決被免職時，其教籍並不受影響。但是當一個被撤銷教籍的牧師又恢復教籍、成為一名平信徒時，他的牧師身分並不會因此恢復。

　　**1-4 持證照的牧師**（教士）──為了讓個人有機會表現他們已蒙召獻身於聖工（特別是在救靈工作上），區會可向這些有前景的候選人頒發教士證。頒發此證是為了向其提供發揮傳道恩賜的機會。

　　教士有權講道、從事佈道活動、領導傳福音的外展工作並協助一切教會活動。

但是在某些情況之下，區會有必要指派一位教士，在一間或數間教會擔負堂主任或助理堂主任的工作。為了能讓教士行使牧師的特定職能，該名教士所服務的一間或數間教會必須先推選他為長老。鑑於分會執行委員會才有權力批准擴大教士的職能，該委員會必須先精確且清晰地闡明教士可從事哪些擴大的職能。這些擴大的職能只限於在該教士獲准服務且擔任長老的一間或數間教會範圍內行使。在分會執行委員會做出議決之後，區會執委會方可進行議決（見本書第125-126頁）。

區會執委會不能議決超越分會執行委員會所授權的教士職能範圍。區會執委會也不可授權教士到他的工作範圍以外去行使這些擴大的職能。區會執委會的議決亦不可替代教會的選舉或聖職的按立。

**1-5 聖經導師**——區會可以聘請聖經導師並分派他們參與佈道工作，或與當地會眾一同作工。雖然這些聖經導師總體來說需聽從區會的領導，但是當他們被指派去參與佈道工作時，應在開展佈道活動之佈道家的領導下工作。當他們被指派去一間教會時，也應當在堂主任的領導下工作。除非是區會的特別安排，教會不應要求聖經導師擔任教會職務，而是要他們專注於救靈工作。

**1-6 區會帶領教會職員**——區會會長與區會執委會共同管理所有的區會員工，包括牧師、聖經導師及部門幹事。他們從

區會獲發事工證書，也要向區會而非向地方教會負責。一個地方教會可以向區會會長申請區會員工的服務或幫助，但最終的安排由區會執委會決定。區會執委會可根據需要隨時改變員工的職務安排。員工或教會可就員工的調遣問題向區會執委會提出申訴、要求舉行聽證會，執委會將根據整個區會的需要認真考慮申訴請求。如果員工對執委會的議決採取不合作的態度、拒絕遵照議決辦事，執委會可視他為不服從上級指揮而進行處理。員工在任何情況下都不應就此議決向教會投訴。如果地方教會支持員工拒絕合作，區會也當對該教會進行處分。

## 第2節　證書與證件

地方教會到全球總會的各級負責人都應警醒守護上帝的工作。相關的管理委員會應頒發正式的資歷證書和證件給予所有獲得授權的全職教會員工，且在有限的期限內授予。

在地方區會，委員會授權予個人以牧師和福音工人的身分代表教會做工。這樣的授權以頒發證書來表明。證書是書面形式的委任，上面有區會行政人員的簽名和簽署日期。授予的職權不是個人所有或個人固有的，而是屬於授予機構的，該機構可以隨時因故收回證件。頒發給職工的證書和證件也不是職工個人財產，必須在其受聘終結時或在簽發機構的要求下交回。

除非得到教會依照區會指引發出的邀請，任何人不得向任何會眾發表談話。我們理解有時政府官員或民間領袖可向會眾

發表談話。但未經授權的人士一律不得使用講台發表談話（見本書第196-197頁）。

**2-1 過期的證書與證件**——區會依照其憲章和施行細則或工作規章，向合資格人士頒發效期與任期等同之資歷證書和證件；其更新由區會代表大會或區會執委會投票表決。持過期失效證件之人士沒有任何職權。

**2-2 退休員工**——退休員工因在建設上帝的教會方面有功，故配得教會予以榮譽和紀念。他們可以透過所屬教會推選為職員，以此繼續為會眾服務。他們也可以在區會執委會的指引下發揮牧養的功能。

**2-3 無證書的前牧者**——從前曾被按立但不再持有有效證件的牧者可被選為長老。如果他們的牧師資格仍然有效，就不需要再按立為長老。然而他們的服務僅限於地方長老的職權範圍。

教會規程
Church Manual

第 **5** 章

# 組織、合併、解散
# 教會和佈道所

ORGANIZING, UNITING, AND DISSOLVING
CHURCHES AND COMPANIES

## 第1節　組織教會

在區會執委會的建議下，一位經按立的牧師可以組織教會（組織佈道所的程序請參閱本章第2節）。鑑於組織教會涉及很多事務，地方區會的會長應受邀出席。

當一群受洗的信徒預備好擔負起組織教會的責任時，他們必須與區會會長協商，並且得到區會執委會的批准，方可安排組織教會的日期（編註：組織教會當日之程序請參考下列步驟）。

當這群受洗的信徒在預定日期聚集時，主持人應該首先就基督復臨安息日會基本信仰進行簡要的回顧。

接著，主持人應該發出呼召，邀請那些同意這些原則並願意加入教會團契的人來到台前。每個人的名字都應當被記錄下來。如果這些人中有人已經是區會教會的教友，或者是屬於其他教會的，主持人應展示已預備好的移名信件。那些移名教友就形成了該教會的核心教友。

如果這些人當中沒有移名教友，那麼就要選出三個人（最好是資深的守安息日的信徒）來作為核心成員。主持人可以向這些人提出以下問題：

- 你是否接受基督作為個人的救主嗎？
- 你是否完全認同剛才所讀的基本信仰原則？
- 你是否曾接受全身入水的浸禮？
- 你們是否信德良好並且彼此信任？

　　如果他們對以上問題的回答是肯定的，主持人可以宣布這三個人就是新教會的核心成員。接下來，將剛才記錄的名單一一唱名，向每個人提出上述所列的問題，然後主持人要讓方才的核心人士表決，是否接納每個人加入教會團契。這樣每個被接納的人就成為該教會的教友，有資格參與對下一個名字的投票。要小心確保那些被接納加入教會的人當中，有完全的團契關係並友愛信徒。如果有人對教義和團契有疑問，就應該友善並有技巧地解決這些問題，然後再進行接納程序。

　　當核心人士投票接受了所有的成員之後，教會就已經是完整的實體，可以開始選舉教會職員。成員就要選出一個提名委員會，由主持的牧師擔任主席。提名委員會應就教會的各項事工提出負責的人選。當委員被選出後，就要按立長老，除非這些長老之前已被按立過。接著要舉行一個類似但較為簡短的執事按立儀式。這樣，這個教會就完全成立，預備開展各樣的事工。

在組織教會的會議結束前,成員應該投票要求區會在下一次區會代表大會期間把新組織的教會納入區會的教會體系之內。

為了使新教會的成功最大化,區會和當地的領袖應該確保所有的職員都完全明白他們的職責。教會也應當預備好聖餐禮的物品;如果可能,應當把聖餐禮作為建立教會之程序的一部分。司庫、教會書記以及其他教會工作人員應當收到所有必要的檔案紀錄和設備來開展他們的工作。

## 第2節　組織佈道所

當一些分散的信徒都住在附近,或者歸屬於一個小組、家庭教會或植堂核心小組時,他們應當考慮組織一個佈道所,以便開展團契、敬拜活動、佈道工作,目的是將來發展成一個有組織的教會,或者在當地發展更多的家庭教會。

佈道所的資格要由區會執委會投票批准,如果必要,之後也可以解散佈道所。分會及/或區會應該有在本地區組織佈道所的書面指引。

屬於小組或家庭教會的教友可成為新佈道所的核心成員。那些想成為佈道所成員之人士的教籍,應該保留在區會教會或地方教會(母堂)。如果那些想成為佈道所成員的教籍要保留在區會教會,那麼區會執委會要投票核准將他們的教籍轉移到區會教會,並且清楚表明他們屬於新佈道所。

當區會執委會批准組織佈道所時，應該指定一個包括領袖、書記和司庫的領導團隊。這個任命工作應當由區主任牧師或其他由區會執委會委派的牧師與正在組織的佈道所團體協商之後來進行。

該佈道所其他職員的任命應由該團隊的成員投票表決進行。區主任牧師或其他由區會執委會指派的人士應當主持這樣的會議。只有擁有良好操行的復臨信徒才可以被委派。

佈道所領袖的身分不能通過按立而得到，他也沒有權力行使教會長老的職權；但是在特殊情況下，區會執委會可以委派一個擁有豐富教會經驗及領導才能的人士擔任該佈道所的長老。

由於佈道所不進行按立儀式，因此不應選舉男執事或女執事。然而佈道所成員可投票選出男、女教友擔任「佈道所助理」，其履行職責類似於組織教會的男女執事（見本書130-136頁）。

佈道所的書記應記錄佈道所的所有活動和會議，並且定期將統計報告上交給母堂或區會行政祕書。這些報告應包括聚會人數及佈道所的各項活動，包括在週間或安息日開辦的外展事工。

佈道所的司庫應記錄所有收到和分發的款項，並且及時將所有的十分之一和奉獻（為地方教會用途的捐款除外）上交給區會司庫，同時也是區會教會的司庫。

如果組織的佈道所成員是區會教會的成員，該佈道所就無權懲戒教友、接納或為教友移名。此類事項必須轉介給區會教會的堂董會，也就是區會執委會來進行。區會會長就是區會教會的長老。

如果區會透過附近的母堂而不是區會教會組織佈道所，上述工作（比如上繳報告和教籍）將由母堂來執行。

佈道所最終要預備成長為正式的教會，為了準備成員將來成為正規教會，它的領導人員應積極地推廣正規教會一般進行的所有活動。

## 第3節　合併教會

當把兩個教會合併是最佳選擇時，區會執委會應當建議採取這樣的做法。為此而召開的會議應當由區會會長、牧師或其他按立牧師來主持，每個教會都應就合併問題進行投票表決。當兩個教會都同意合併時，雙方應當安排一次共同由區會會長主持，或在其缺席的情況下由一位區會委派的按立牧師所主持的會議。

應當預備一份文字的同意聲明，把合併教會的原因及特殊情況寫明，比如財產的處置及財務責任的分配。該聲明應當為新合併的教會定一個新的名稱，並且解除兩個教會所有職員的職責。

新合併的團體採納這份同意聲明就完成了兩個教會的合併程序。新教會的成員就應該選出一個提名委員會來為本年餘下的時間選出職員。

同意書的備份應交由區會存檔。

兩個教會的所有成員合併成為一個新的組織。在合併過程中，不可以從教友名冊中刪除任何成員。新合併的教會要開始負責所有信徒的操守以及紀律問題。受到處分的成員應當按照本規程明列的程序來處理。

兩個教會之前的所有檔案都歸屬於合併後的教會。應當通知當地區會在下一次代表大會期間作出適當的決議。

## 第4節　教會的解散或除名

「你們作丈夫的，要愛你們的妻子，正如基督愛教會，為教會捨己。要用水藉著道把教會洗淨，成為聖潔，可以獻給自己，作個榮耀的教會，毫無玷污、皺紋等類的病，乃是聖潔沒有瑕疵的。……從來沒有人恨惡自己的身子，總是保養顧惜，正像基督待教會一樣，因我們是他身上的肢體。」（弗5:25-30）

處理犯了錯誤的教會以及採取一切紀律的處分時都必須抱著這種精神：要為了上帝國度的緣故來施行幫助和拯救。

教會的身分不一定是永久的。基於下列原因，一個教會可

以被解散或被區會除名：

❶ **教友流失**——有時，儘管多方努力要保存一個教會，但是很多教友遷離、死亡或背道，教會的存在受到威脅。在此情況之下，區會執委會應建議將該教會解散。

在一個教會最後決定解散之前，剩餘的信徒應受邀將他們的教籍轉到其他教會。

如果教會仍有足夠的信徒，他們就應該召開一個事務會議，由區會會長或會長指定的牧師主持，投票批准發出將所有操行良好的成員移名到其他教會的信件。這樣一來，這個教會就在區會執委會的批准下解散，區會執委會就可以表決記錄教會解散的結果。

如果區會執委會判斷該教會存留的信徒人數太少、不足以召開事務會議，區會執委會就有權建議將操行良好的成員移名至其他的教會或區會教會。這樣，教會就被解散了。

如果在解散時有教友正在接受處分，並因此不能獲得移名批准信，他們的教籍將暫時由區會教會管理；同時，區會行政人員要盡一切努力儘快幫助這些教友，達到合格的基督徒的標準。如果挽回的努力取得成功，這些信徒的教籍則可以在區會教會得到確認，或者給他們簽發移名的信件。如果他們不能被挽回，區會執委會要投票表決去除他們的教籍。

❷ **執行訓誡**──因為紀律問題而革除教會是非常罕見的，畢竟教會的使命是為了尋找、拯救迷失的人。當教會產生嚴重的問題，諸如背道、拒絕按照《教會規程》辦事、持續反叛區會時，大家應當盡力挽救該教會避免被革除的後果。牧師應當透過證道和親自的探訪來改善該教會的靈性生活。區會應鼓勵召開一系列的奮興會，以帶領信徒重新獻身於主。如果這些努力都不成功，牧師應與區會執委會合作，在跟該教會和其負責人協商之下，尋求方法修復並和解以保留教會。

這些阻止關係惡化的措施是首選的方法，為的是避免將該教會革除。

但是當上述一切努力都失敗之後，區會執委會應仔細研究革除教會的必要性。如果最後決定革除該教會，區會應遵照以下程序：

ⓐ 革除該教會的決定及理由，應該在教會事務會議上向會眾報告，讓他們知情，並且加以考慮。

ⓑ 如果該教會不接受建議，它可以透過以下的方式來回應：

①糾正導致紀律處分的原因並且採納區會指定的要求，然後請求區會撤回解散或革除教會的議決。

②向聯合會執行委員會或分會（如果是教會聯合會）上訴，

以求仲裁。

ⓒ 如果該教會仍然叛逆，區會執委會應向一個常規或
特別召開的代表大會提出建議，將該教會解散。

ⓓ 如果代表大會表決將該教會革除，區會應執行該決
定。

## 第5節　教友、紀錄和資金的管理

被解散或革除的教會裡可能仍有忠心的教友，願意將教籍
保留在本會。為了他們的福祉，他們的教籍應暫時保存在區會
教會裡最長一年時間，以便他們決定是否將教籍保留在區會教
會或移名到其他教會。區會執委會應該對他們的操行進行評
估，如果滿意，區會執委會可建議將他們的教籍留在區會教會
或移名到他們所選擇的教會。

被解散或革除的教會裡正接受訓誡的教友，應由區會執
委會根據前述「教友流失」的規定（見64頁），及早轉介給區會
祕書。

因教友大量流失或訓誡原因被解散或革除的教會之所有奉
獻、財務帳戶以及不動產或財產，無論是歸於地方教會或區
會、或其他本教會合法團體之名下，都將以信託的名義保存在
區會。因此區會有權利、權力和責任來管理、保護和處置這些
財產和資金。該教會的所有檔案將由區會祕書和／或司庫監管。

在不涉及訓誡的情況下，如果不解散或革除該教會，另外的選擇就是將其回歸為佈道所。這樣的決定應在跟區主任牧師和教友協商之後、由區會執委會以多數票通過，再由牧師或區會代表傳達給教會。

在事務會議上，只要有信徒願意移名，大家應當投票表決，簽發移名信件給那些操守良好的信徒移名至區會教會或其他教會。在同一會議上，牧師在與當地成員協商之後，應從新組織的佈道所成員當中指派一個領袖團隊，包括領袖、書記和司庫。有關「組織佈道所」的細節請參考本書60-62頁所述。

第 **6** 章

門徒培訓

MAKING DISCIPLES

門徒培訓是一個持續的過程，指一個人在其中成為耶穌基督的門徒，並且成熟地作為祂的門徒，且培養更多的門徒。洗禮乃是門徒培訓過程的重要部分，但並不是該過程的終點。

基督復臨安息日會光榮且謙卑地接受耶穌在福音大使命中所吩咐的：「所以，你們要去，使萬民作我的門徒。」（太28：19）我們應當在這末世中、以三天使的信息為背景，遵從這一大使命（啟14：6-12）。

福音的大使命主要強調的是「使萬民作我的門徒」，這包括三個部分：

❶「所以，你們要去，使萬民作我的門徒」是耶穌對於完成使命的吩咐。因此，使萬民作門徒應成為我們的生活方式。我們應在家裡、職場、學校以及與他人的日常互動中培養門徒。我們應從各國、各族、各語言和各人群中培養門徒。做見證和佈道的目標都是為了培養門徒（太10：25；28：19、20）。

❷「奉父、子、聖靈的名給他們施洗」並不是終極目標，而是門徒培訓過程的重要部分，因為人們承認耶穌基督是他們的主和救主，成為祂教會的一員，並致力於帶領更多的門徒。門徒接受洗禮成為基督的身體，即教會。在受洗之前，他們對於帶領門徒的委身態度應有明確表示。

❸「凡我所吩咐你們的，都教訓他們遵守」表明教導是門

徒培訓重要且持續的過程。而「教導」應當在受洗之前和之後進行。

門徒培訓是一個持續的過程，其目的是在「我們主－救主耶穌基督的恩典和知識上有長進」（彼後3:18），以期成為成熟的基督徒並大量地增加門徒。

成為門徒，培養門徒，使他們為耶穌的再來作準備，並不是一種選擇；這是基督復臨安息日會末日使命之本質。真正的門徒養成只有在耶穌基督奇妙恩典的結果下才會發生。我們可以安慰自己，因為天上地下的一切權柄都賜給了祂，祂應許與我們同在，直到世界的末了（太28：18，20）。此外，祂應許賜給我們聖靈作為我們的保惠師、引導和力量（約16：7-16；路24：46-49；徒1:4、5，8;2:37-39）。

## 第1節　何謂門徒？

在耶穌的時代，門徒是追隨者，他們接受的教導是全面而綜合性的。耶穌的門徒花了很多時間跟隨祂，他們接受了祂的教導並學到了寶貴的生活課程。門徒乃是一個透過上帝的話語由聖靈轉變其選擇、決定和世界觀的人。

基督門徒以他們的信仰、品格和使命仿效他們的教師耶穌。門徒是已承諾跟隨基督，並將自己的生命置於基督的統治之下的人。

門徒是一個在各方面都「凡事長進，連於元首基督」的人（弗4：15）。培訓門徒的過程是一個持續不間斷的過程。這還包括教導新信徒如何透過各種項目（如指導、小組事工、聖經研究、服務等）將他們的生活與神的話語相符。

❶ 因此，門徒培訓將影響我們生活的各個層面：我們的信仰、品格、生活方式、人際關係、工作、娛樂、財務、健康、見證，以及我們渴望看到其他人進入神之國度的負擔。

❷「凡事長進」表明門徒培訓是一種持續追隨耶穌的活動。

❸「連於元首基督」意味著基督是我們的救主和主，也是我們唯一要效法的完美榜樣。

## 第2節　門徒的培訓

成為門徒之旅始於一個人邁出追隨耶穌的第一步（見約1：35-2：2）。每天與祂同行，跟隨祂的話語，人可以持續在基督的形像中成長。聖經指出，門徒在個人發展以及作為信徒群體的一分子上，應當在一些關鍵領域中成長，這些領域列舉如下：

❶ 崇拜／個人靈修：「要盡心、盡性、盡意愛主—你的上帝。」（太22：37）。崇拜是對上帝在我們生命中主動之作為的回應。真正的崇拜不是集中在我們身上，而是集中在上帝身上（詩150:6；約4:23；啟14:7）。

「我們需要培養和保持一種真正崇拜的精神，一種在主的聖日上對主的奉獻精神。我們應該聚集在一起，並相信我們從耶穌基督那裡所收獲的安適、希望、真光和平穩。」(《信仰的基礎》原文第35頁)

「個人的信仰將會透過結出美好果實來展現，成聖不是一天的工作，而是一生的努力。每個人的心中都應該擁有在上帝的花園中綻放的恩典。自私會削去基督的每一個寶貴的形像，會驅逐謙卑、自我克制和奉獻。」(《論出版工作》(新版書名：論出版：文字的力量) 原文第91頁)

❷ **服事他人**：「要愛人如己。」(太22：39) 每一位門徒都是蒙上帝呼召並賜予恩賜，令教會得益處，並將福音信息帶給世界的人 (彼前2：9；4：10)。「(門徒的) 職責是人類有史以來第二重要的，僅次於基督自己的職責。他們是與上帝一同努力，以拯救人類為目標的工作者。」(《使徒行述》原文第19頁)

❸ **做見證／基於需求的佈道**：「所以，你們要去，使萬民作我的門徒……。」(太28：19)。在整個事奉中，當遵循基督對個人的事奉方法時，見證和佈道的效果最好。「唯有基督的方法才能在接觸人群中獲得真正的成功。救主與人交往，像是一個只為他們著想的人。祂表現出對他們的同情，滿足他們的需求，贏得了他們的信任。然後，祂吩咐他們說，『跟隨我。』」(《服務真詮》，新版書名《論健康佈道》，原文第143頁)

❹ 順服：「凡我所吩咐你們的，都教訓他們遵守。」（太28：20）真門徒的首要指標是對基督和祂話語的忠誠，並將自己降服於祂，認祂為主。耶穌說：「你們若愛我，就必遵守我的命令。」（約14：15）「順服——出於愛的服事和效忠——是真門徒的標誌。因此，經文說，『愛神就是遵守祂的命令。』」（《喜樂的泉源》原文第60頁）

一位忠誠的門徒是一位能夠辨識那位大牧者之聲，並不斷努力學習，以至能完全順服的人。反映基督的品格並努力擴展祂的國度，應是我們最主要的熱忱所在。這包括品格的成長、管家的責任和服務（弗4:13-15; 羅8:29; 林後3:17、18; 約一3:2）。

❺ 社區／外展：「……奉父、子、聖靈的名給他們施洗。」（太28：19）。真正的門徒培訓只在以耶穌基督和祂的話語為基礎的群體中發生，其中崇拜、事奉、傳福音和順服皆被視為最首要之事（啟14:6-12）。

「讓小組在晚上、中午或清晨聚集，一同研讀聖經。讓他們擁有禱告的時刻，這樣他們就藉著聖靈得著力量、啟示，並且成聖。這乃是基督希望在祂的每一位工人心中完成的工作。如果你們自願打開心門接受，一份偉大的祝福就將臨到你們。上帝的天使將在你們聚集時同在。你們將享受生命樹的葉子。在尋求上帝祝福的這些寶貴時刻中，你們將能夠為同工之間所建立的愛做見證。」（《教會證言》卷7，原文第195頁）

## 第3節　實際步驟

耶穌基督的恩典並不是廉價的；這使得祂付出了生命作為代價。任何接受耶穌基督為主和救主的人都需要知道，成為祂的門徒也是有代價的。「若有人要跟從我，就當捨己，背起他的十字架來跟從我。」(可8:34)

門徒在日常生活的慣例中培養出基督般的品格。透過有計畫的日常讀經、禱告、服務和使命的實踐，我們在門徒的委身方面不斷加深。一位完全奉獻的門徒會不斷地與基督「同行」，與祂相處，在生活中仿效祂，並在日常活動中順服祂。

門徒培訓的工作是持續不斷的。「救主對門徒的使命包括所有信徒。這其中所涵蓋的是所有在基督裡的信徒，直到世界末日。」(《歷代願望》原文822頁)，因此，按照耶穌的榜樣塑造自己的生活，既是個人的責任，也是每個教友對那些在信仰中初成長之人的教導責任。單單擁有教友資格，甚至只是有參與教會活動本身都是不夠的。作為門徒且持續不斷地成長，乃是與上帝建立有影響力和持久之關係所必需的。

## 第4節　愛是門徒確切的標記

以上帝愛我們的方式去愛眾人，這與合一密切相關，是真門徒的最終標誌。「你們若有彼此相愛的心，眾人因此就認出你們是我的門徒了。」(約13:35)

「基督以自己的榜樣給了我們一個示範。祂要將祂的跟隨者結合在一起，並連結於祂自己。與基督的合一使他們彼此相愛，因為愛是與基督合一的確切果實。基督宣稱他們彼此相愛乃是他們門徒身分的確切標誌。」（《手稿》51，1894年）

對耶穌的真愛不僅意味著作為祂的門徒要彼此相愛，還必須將上帝的愛與他人分享。如果我們愛神，我們就會遵從祂的命令：「所以，你們要去，使萬民作我的門徒⋯⋯。」（太28:19）

上帝的愛是門徒確切的標記，因為在愛中，門徒培訓的所有特徵都得到了充分的展現。基督「只提到了門徒和事奉的一個條件。祂說：『你愛我嗎？』這是根本的條件。」（《歷代願望》原文第815頁）「基督的愛不是一時的感覺，而是一種活生生的原則，應當作為在心中的恆久力量體現出來⋯⋯。」（《彰顯主基督》原文第345頁）

第 **7** 章

教友資格

MEMBERSHIP

　　身為基督肢體的一員所伴隨的嚴肅責任，應銘刻在每一位渴望加入教會之人的心上。只有那些能夠證明經歷了重生、享受在主耶穌裡的屬靈經歷的人才可以被接納加入教會。牧師必須教導慕道友基本信仰以及教會生活的各樣實踐，這樣他們才能在加入教會時有健全的屬靈基礎。雖然沒有規定受浸的年齡，教會建議願意受浸的孩童應當先參加預備受浸的學習班。

　　使徒保羅寫道：「豈不知我們這受洗歸入基督耶穌的人是受洗歸入他的死嗎？所以，我們藉著洗禮歸入死，和他一同埋葬，原是叫我們一舉一動有新生的樣式，像基督藉著父的榮耀從死裡復活一樣。」(羅6:3、4)

　　路加也寫道：「彼得說：『你們各人要悔改，奉耶穌基督的名受洗。』……領受他話的人就受了洗；那一天，門徒約添了三千人。」(徒2:38，41)

　　「教會的教友，就是他所召出黑暗入奇妙光明的人，都要顯出他的榮耀來。教會是基督豐富恩典的寶藏庫；上帝大愛最終與完全的表現，終必經由教會而彰顯，甚至要向『天上執政的，掌權的』彰顯出來。」(《使徒行述》原文第9頁)

## 第1節　浸禮

**1-1 成為教友的先決條件**——「基督已經使浸禮成為進入祂屬靈國度的記號。祂已命定這種禮節為一項必要的條件，是凡

願被承認歸於父、子、聖靈權下之人必須遵行的。

「浸禮是一種最嚴肅的、與世俗脫離的表徵。凡奉父、子、聖靈三一真神之名而受浸的人，乃是踏上了基督徒生活的第一步，當眾宣布自己已經棄絕撒但，不再為他服務，而成了天上之君的兒女，皇室的成員。他們已經遵從了這個命令：『你們務要從他們中間出來，與他們分別，不要沾不潔淨的物。』而以下這個應許也要實現在他們身上：『我就收納你們。我要作你們的父，你們要作我的兒女，這是全能的主說的。』(林後6:17、18)」(《教會證言》卷六，原文第91頁)

浸禮是加入教會的必經之路。從根本意義上講，它是受浸之人進入基督救恩盟約的莊嚴宣誓，是進入上帝大家庭一個既莊重又歡樂的儀式。

只有加入由區會承認的教會才能獲得本會的教友資格。

**1-2 浸禮的模式**——本會相信全身入水的浸禮教導，所以只有受這樣浸禮的人才能加入本會 (見本書第15章「基督復臨安息日會基本信仰」)。那些承認自己是罪人、真心為罪悔改且經歷了改變的人，在接受適當的教導之後，就能有受浸的資格並加入教會。

**1-3 在受浸前經過教導和公開檢驗**——不論是用個別輔導的方式還是開辦多人的受浸查經班，教會應當向受浸候選人教導本會的《基本信仰28條》、實踐和教友的責任。透過公開的

檢驗，牧師證明受浸候選人已接受了良好的教導且願意決志邁出這重要的一步，用實際行動表明其樂意接受本會教義和教義的外在表現行為準則，「憑著他們的果子就可以認出他們來。」（太7:20）

如果公開檢驗的做法不實際，候選人可以由堂董會或堂董會委派的委員會（例如：長老團）來檢驗。檢驗結果要在浸禮前提交給教會。

「現今教會對於要求受浸者所實施的門徒資格試驗，尚未達到所應有的那麼嚴格。應當先明白他們是單求基督復臨安息日會教友的虛名呢？抑或實在願意與世俗脫離關係，不摸污穢之物，來站在主這一邊。在受浸之前，教會對慕道友的經驗應當徹底考查。查詢他的時候，不可顯出冷淡疏遠的樣子，乃當用仁愛溫柔的態度，向新悔改的人指出那除掉世人罪孽之上帝的羔羊，並使福音的要求銘記在預備受浸之人的心中。」（《教會證言》卷六，原文第95、96頁）

## 第2節　浸禮約言和決志

**2-1 浸禮約言**──受浸的候選人，或以信仰告白的人申請加入教會，應該在全體會眾或指定的團體之前，對以下基督復臨安息日會《基本信仰28條》的要點，作肯定的答覆予以接受。（見本書79頁）

傳道人或長老應該向預備受浸的人宣讀以下問題，由他們以口頭、舉手示意或其他當地文化慣用的方法作出同意的答覆。

## 浸禮約言

❶ 你是否相信獨一的上帝，祂是聖父、聖子、聖靈三位同時永在之神的結合？

❷ 你是否接受耶穌基督在髑髏地的死，乃是為你贖罪而作的犧牲，而且相信本乎上帝的恩典，藉著信靠祂流出的寶血，你才能得救脫離罪惡和它的刑罰？

❸ 你是否已接受耶穌基督為你個人的救主，相信上帝在基督裡已經赦免你的罪過，賜給你一顆新的心，並且願意放棄世界罪惡的道路？

❹ 你是否願意接受基督而因信稱義，承認祂是你天上聖所中的中保，接受祂改造之恩的應許和力量，在家中和世人面前，度一種以基督為中心的愛的生活？

❺ 你是否相信聖經乃是上帝所默示的聖言，乃是基督徒信仰與行為的唯一準則？你是否願意立約按時禱告並研讀聖經？

❻ 你是否接受十條誡命為上帝品格的寫照，也是祂旨意的啟示？你是否願意立志靠著那住在心中的基督的能力來遵行這律法，包括第四條誡命，就是要求遵守每週第七日為主的安息日並紀念祂創造的大工？

❼ 你是否盼望主耶穌快來，作為你的洪福之望？因為那時「必死的……變成不死的」(林前15：54)。在你準備迎見主的同時，你是否願意為祂慈愛的救恩作見證，用你的才幹致力於救靈的工作，幫助他們也為主的榮耀顯現作好準備？

❽ 你是否接受聖經中有關屬靈恩賜的教訓，並且相信這種預言的恩賜，乃是辨認餘民教會的特別標記之一？

❾ 你是否相信教會的組織？你是否願意立志以十分之一和其他捐獻，以及個人的努力和影響力來支持教會？

❿ 你是否相信你的身體乃是聖靈的殿？你是否願意細心愛護身體來榮耀上帝：不用任何有害之物；戒絕不潔淨的食物和任何含有酒精的飲料或菸草；也不製造或販賣這類物品給人服用；也不濫用或販賣麻醉物或其他毒品？

⓫ 你是否明白基督復臨安息日會所教導的聖經基本原則？你是否願意立志靠著上帝的恩典來達成祂的旨意，使自己的生活能符合這些原則？

⓬ 你是否接受新約聖經所教導的全身入水的浸禮，並願意這樣受浸，藉此公開表示你相信基督，以及祂

赦免你罪過的恩典？

⓭ 你是否相信基督復臨安息日會乃是聖經所啟示的餘民教會；並且各國、各族、各方的人，都已蒙邀請來參加這個團契？你是否願意成為這個普及全球並在本地設立之教會的一位教友？

### 其他可採用的約言

❶ 你是否接受耶穌基督為你個人的救主和主，並且願意在你的生活中與祂有拯救的關係？

❷ 你是否接受基督復臨安息日會《基本信仰28條》中所表達的聖經教導，並且靠著上帝的恩典宣誓要過與這些教導相符的生活？

❸ 你是否渴望受浸以公開表達你對耶穌基督的信仰，被接納進入基督復臨安息日會的團契中，並且作忠心的管家，藉著你個人的影響力、什一奉獻和捐獻，以及服務的生活，來支持教會及其聖工？

**2-2 受浸盟約**——本會已經採納《基本信仰28條》，連同浸禮約言、「浸禮證書」和「承諾書」作為受浸盟約。

這份盟約的紙本，連同「浸禮證書」和「承諾書」，應當在簽署後頒發給所有受浸加入教會的人。教會也應為那些以信仰

告白入會的成員頒發合適的證書。

在「浸禮證書」和「承諾書」上要有供領浸之人簽名的空白處，讓新教友簽名確認作出的承諾。浸禮之後，教會將「浸禮證書」及「承諾書」頒發給受浸人作為其立約的文件。承諾書內容如下：

---

## 承諾書

❶ 我相信獨一的上帝，祂是聖父、聖子、聖靈三位同時永在之神的結合。

❷ 我接受耶穌基督在髑髏地的死，乃是為我贖罪而作的犧牲，而且相信本乎上帝的恩典，藉著信靠祂流出的寶血，我才能得救，脫離罪惡和它的刑罰。

❸ 我接受耶穌基督為我個人的救主，相信上帝在基督裡已經赦免我的罪過，賜給我一顆新心；並且我願意放棄世界罪惡的道路。

❹ 我願意接受基督而因信稱義，承認祂是我天上聖所的中保，接受祂改造之恩的應許和力量，在家中和世人面前，度一種以基督為中心的愛的生活。

❺ 我相信聖經乃是上帝所默示的聖言，乃是基督徒信仰與行為的唯一準則。我立約按時禱告並研讀聖經。

❻ 我接受十條誡命為上帝品格的寫照，也是祂旨意的

---

啟示。我立志靠著那住在心中的基督的能力，來遵行這律法，包括那要求遵守每週第七日為主的安息日，並記念祂創造大工的第四條誡命。

❼ 我盼望主耶穌快來，作為我的洪福之望，因為那時「必死的必變成不死的」（林前15：54）。在我準備迎見主的同時，我願意為祂慈愛的救恩作見證，用我的才幹，致力救靈的工作，幫助他們也為主的榮耀顯現作好準備。

❽ 我接受聖經中有關屬靈恩賜的教訓，並且相信這種預言的恩賜，乃是辨認餘民教會的特別標記之一。

❾ 我相信教會的組織。我願意立志以十分之一和其他捐獻，以及個人的努力和影響力，來支持教會。

❿ 我相信我的身體乃是聖靈的殿。我願意留心愛護身體來榮耀上帝：不用任何有害之物；戒絕不潔淨的食物，和任何含有酒精的飲料或菸草；也不製造或販賣這類物品給人服用；也不濫用或販賣麻醉物或其他毒品。

⓫ 我明白基督復臨安息日會所教導的聖經基本原則。我願意立志靠著上帝的恩典來達成祂的旨意，使自己的生活能符合這些原則。

⓬ 我接受新約聖經所教導的全身入水的浸禮，並願意

> 這樣受浸，藉此公開表示我相信基督，以及祂赦免
> 我罪過的恩典。
>
> ❸ 我相信基督復臨安息日會乃是聖經所啟示的餘民教
> 會；並且各國、各族、各方的人都已蒙邀請來參加
> 這個團契。我願意作這個普及全球並在本地設立之
> 教會中的一分子。

**2-3 表決接納並在領浸後生效**——當受浸人在全體教友或其他正式指派的團體前，對約言中的問題作出了肯定的答覆，或向教會表明他們已經在實行約言之後，教會應當表決接納受浸人為教友，並在受浸之後生效，且不應無故耽延。

**2-4 接納不熟識的教友**——在預備慕道友受浸的過程中，佈道士應當請牧師或長老到受浸人的查經班拜訪，加深對預備受浸之人的認識。這樣的接觸能使教會更好的預備迎接新成員。

**2-5 浸禮的預備**——在浸禮的時候，執事應當作必要的準備。男執事幫助男性受浸人進出水池，女執事則幫助女性受浸人（編註：詳細建議與規定可參閱《執事手冊》第9章）。

教會應當為受浸人細心預備合適的衣服，最好是用厚重布料製成的受洗袍。若沒有受洗袍，受浸人也應穿著莊重的服裝。

浸禮之後，教會應該舉行一個簡短的歡迎儀式。

## 第3節　重新領浸

重新領浸的例子只出現在〈使徒行傳〉19章1-7節，當時使徒保羅支持一群曾接受過施洗約翰悔改洗禮的人再次受浸。除了悔改，基督徒的浸禮還涉及了對耶穌基督之福音和教導的深刻理解、個人的決志，以及接受聖靈。在深入理解和決志之後，再受浸是可行的。

**3-1 來自其他基督教團體的信徒**——依據《聖經》，那些接受了基督復臨安息日會的信仰、並且曾經受過浸水禮的其他基督教團契人士可以要求再受浸。

但是以下的例子顯示再受浸或許是不必要的。顯然，〈使徒行傳〉19章中的故事是個特殊的例子。因為亞波羅曾接受過約翰的浸禮（徒18：25），但是卻沒有記錄說他後來是有重新領浸的。而且有些使徒自己也曾經領受過約翰的浸禮（約1：35-40），但是沒有記載他們再次受浸。

如果一個新信徒接受了顯著的新亮光，當聖靈引導這位新信徒再次受浸時，懷愛倫支持為其再次施浸。這樣就遵循了〈使徒行傳〉19章所舉的例子。一個之前曾受過全身入水之浸禮的人應當評估自己的信仰歷程，然後決定自己是否願意再次受浸。教會不必刻意去敦促。

「這（再受洗）要求每個人憑著敬畏上帝的心、深思熟慮後才能決定。應當懷著溫柔慈愛的精神小心地提出這個話題。而敦促的本分就屬於上帝，而不屬於什麼人了；讓上帝有一個機會，使祂的聖靈運行在人心中，以便那人對採取這一步的行動完全肯定、滿意。」（《佈道論》第80章，原文第373頁）

**3-2 背道和重新領浸**──雖然在使徒時代的教會存在背道的情況（來6：4-6），《聖經》並未提到再受浸的問題。當信徒背道之後悔改並且願意重新加入本會時，懷愛倫支持再受浸（見本書114-115頁）。

「上帝呼召人做出思考後的更新。當一個生靈真誠地重新悔改時，就允許他再受洗。讓他更新與上帝所立的約，而上帝也必更新與他所立的約。」（《佈道論》第80章，原文第375頁）

**3-3 不宜重新領浸的情況**──根據聖經的教導和懷愛倫的指導，重新領浸應該只發生在特別的情況下，而且應該很少發生。不斷地再受浸，或在情緒化的基礎上去做，都會淡化浸禮的意義，或顯示出對《聖經》賦予浸禮之重要性理解不足。靈性逐漸冷淡的教友需要有悔改的精神，使他能夠達到奮興與革新。這樣的經驗會促使他積極參加洗腳禮和聖餐禮，表明其更新的潔淨和在基督肢體內的團契。因此重新領浸就不必要了。

# 第4節　信仰告白

那些已經接受了基督復臨安息日會基本信仰，並且願意以信仰告白的方式加入本會的人，若屬於以下四類情況之一，即可進行信仰告白：

❶ 來自像基督復臨安息日會一樣、實踐全身入水浸禮之基督教團契並且忠心的基督徒（見本書79頁）。

❷ 由於外在原因無法獲得原教會移名批准信的基督復臨安息日會信徒（見本書92頁）。

❸ 已經提出移名申請但始終得不到原教會回覆的基督復臨安息日會信徒。在此情況下，教會應尋求有關區會的協助。

❹ 曾經是信徒但是教籍檔案遺失，或因長期失聯而教籍被撤銷，但是本人仍然對信仰忠心。

教會在接受以前屬於本會某教會的信徒時應特別謹慎。若某人以信仰告白的方式申請加入教會時，教會要調查其之前的經歷。教會職員也應尋求區會會長建議和協助。應當用充分的時間作詳細的調查。

若教會查出這個請求以信仰告白的方式加入教會的人仍然是另一教會的成員時，就要等到原來的教會簽發給他移名信之後，才可以接受他。如果在遵循移名程序之後（見本書90-91

頁），原教會拒絕簽發移名信，該教友因感不公而不服，則可向當地的區會執委會申訴。遵循這樣的程序可以使信徒更體會到本會教籍的神聖性以及有錯必糾的公正性。除非教友正在受紀律處分，任何教會都無權拒絕簽發移名信。

若有人被教會除名後想恢復教籍時，通常都要再次受浸才能被接納（見本書114頁）。

## 第5節　轉移教友名籍

當教友遷移到別處，教會負責管理教友名冊的書記應該寫信給有關區會的祕書，要求新地區的傳道人去探訪這位教友，並協助將其教籍轉移到新的教會。

教會管理教籍檔案的書記也應該通知遷移的教友，會將其新地址交給區會。

一個教友若遷移別處打算居住超過六個月，應立刻申請移名信件。若那教友遷往偏僻的地區並且在合理的距離內都沒有教會，應當申請加入區會教會。

**5-1 核發移名信的方式**——要求移名信的教友須向自己願意加入之教會（接受教會）的書記申請。該書記就將這個要求轉達給原教會（遷出教會）的書記。（另外的方法見本書92頁）

當原教會的書記接到請求後，就通知堂主任或長老；堂主

任或長老轉而提交給堂董會。堂董會經過商議後投票表決是否將該請求傳達給全體教會（見本書58-63，87-95，111-115，137頁）。牧師或長老將堂董會的建議帶到全體教友面前作出第一次的宣讀。最後的決定要在接下來的一個星期由教會全體投票表決。

留出一週時間的用意是要給所有教友機會對簽發移名信表達反對意見。反對意見通常不應該在大眾面前提出，而是應當向堂主任或長老提出，再由牧師或長老轉介給堂董會討論。堂董會應給予每位反對者機會當面提出理由。如果反對意見不合理，教會就應提醒作出反對的人收回意見。如果反對意見有合理之處，堂董會就有責任進行調查。移名信的簽發就要等問題完滿解決之後再作決定。

如果反對理由牽涉個人關係，教會應盡力促使當事人達成和解。如果反對理由涉及公開的冒犯，可能需要採取紀律處分措施。如果反對理由涉及當事人靈性墮落，則應盡力挽回並恢復。

**5-2 教會書記發出移名信**——在全體會眾贊成簽發移名信之後，書記就可將正規移名表填妥、轉發給接受教會的書記。接受教會的書記再將信件轉給牧師和長老，由他們提交給堂董會作出建議；隨後，移名要求在下一次常規聚會時被提交給全體會眾。接納申請人教籍的投票通常在一個星期後的常規聚會時進行。接受教會的書記就可以將申請人的姓名和被接納的日

期記錄到教籍檔案裡。書記並且要將移名信的回執部分填好，證明該信徒已被接納，然後將回執部分發還給簽發移名信之教會書記。（見本書137頁）

**5-3 移名信有效期為六個月**──移名申請信的有效期自簽發日起六個月內有效。

**5-4 轉移教籍的其他方法**──分會可以批准在其區域內教會之間轉移教籍的其他方法。但是當信徒要求移名到其他分會的教會時，就必須遵循前述「簽發移名信的方法」。

**5-5 移名期間的教籍**──在未收到接收教會發回之證明該教友已被接受的信件前，原教會的書記絕不可將該教友的名字從教籍檔案移除；否則就等於剝奪了該教友在移名過程中的教籍身分。書記、長老、牧師、區會會長都有責任監督教會遵循所有的程序。

**5-6 在困境下接受教友**──世界局勢有時或影響教籍轉移的通訊過程。在此情形之下，接收的教會在與區會協商後，在對申請人操行滿意的情況下，可以用信仰告白的方式接納其教籍。如果之後遷出教會或遷出區會所在地的通訊條件改善了，接收教會應發出信函告知所作出的移名手續。

**5-7 列於統計報告之內**──在每季或年度的數據報告裡，一個已獲簽移名信但尚未收到回覆的教友應被算為遷出教會的

成員。當回覆證明收到後，該教友的名字就從遷出教會的教籍檔案中移除，也就不包括在以後的報告裡了。

**5-8 若移名教友不被接受**——接收教會除非有合理的原因拒絕接受某教友的移名，否則必須接受其移名申請。若有拒絕接受的情形發生，接收教會的書記就當把移名信退回遷出教會，並附上完整的理由。這位教友的教籍就仍然保留在遷出教會。遷出教會應幫助該信徒解決問題。

**5-9 移名信只核發給操行良好的教友**——移名信只發給操行良好的信徒，不可發給正在受訓誡的信徒。在移名信加入評論是不恰當的。但是如果遷出教會的牧師或堂董會知情，或經確實的證據表明該教友曾涉及侵犯兒童，那麼為了兒童的安全，牧師或長老應在不洩密的情況下通知接收教會的牧師或長老。

如果遷居外地的信徒信心變得冷淡，為求審慎，遷出教會的牧師或長老應在移名信簽發之前主動與接收教會的牧師和長老商討此情況。

**5-10 未經教友本人同意不得核發移名信**——在任何情況下教會都不能違背信徒的意願通過簽發移名信；任何教會也不可接納在此情況下簽發的移名要求。教籍是信徒與基督的肢體建立的個人關係，教會應認可這種關係且避免做出任何被視為是獨斷的行為。

從另一方面來說，教友也要顧全教會的利益，應盡力協助教會避免因信徒長期缺席而造成的問題。教友搬遷後應該立即要求簽發移名信。

當某一個教會被區會代表大會決議解散後，除非本人反對，該教會所有忠心教友的教籍都應被臨時轉移到區會教會。然後區會教會就可為忠心的教友簽發移名信、處理其他教籍問題。(見本書63-67頁)

**5-11 堂董會不可就教籍做表決**——堂董會無權對信徒要求移名進行表決，也無權憑移名請求信接收信徒。堂董會的權力僅限於向教會做出建議。針對教籍的轉移，不論是同意或反對，必須由教會整體進行表決(見本書第90-91頁)。除非教會表決通過，否則書記無權將教友名冊中的任何人除名，也無權添加任何人的名字。當信徒提出書面要求欲脫離教會，堂董會必須就該要求採取行動。教會應該盡力挽回該成員回歸教會大家庭。當一個信徒去世，書記只須在教友名冊中記錄其死亡日期；教會無需做任何表決。

**5-12 在區會教會的教籍**——生活在偏僻地區的教友應當加入區會教會；區會教會是為散居各處、不能享受教會權益的教友們而組織的。年老體弱的教友如果居所附近有教會、或住在區會行政人員以及其他員工(包括牧師)附近，就應當加入當地教會，而不是區會教會。

區會教會的主持長老就是區會會長。通常由教會書記和教會司庫擔任的工作由區會祕書和司庫來處理。鑑於該教會沒有堂董會，通常由地方教會堂董會處理的事務就由區會執委會負責處理。區會執委會也委派區會教會的代表參加區會代表大會。

**5-13 教籍紀錄**——教會應建立符合現況且定期更新的教籍紀錄。姓名的添加和刪除只能在全體教會投票表決後或教友死亡後進行（見本書136-137頁）。

**5-14 以救贖之心進行教籍查核**——地方教會應保存教友紀錄並持續更新。這些紀錄要受到上一層級組織的審查。這一規定同樣適用於組織的每一層級，以確保教友的個人資料隱私得到最大程度的保護，並應符合法律要求（參見第136-138頁）。

在聖經中，我們找到了這樣的話：「你們不可停止聚會，好像那些停止慣了的人，倒要彼此勸勉，既知道那日子臨近，就更當如此。」（來10：25）。尋找那些遠離的人是非常重要的。懷愛倫說：「如果迷失的羊沒有被帶回羊群，牠會一直徘徊直到滅亡。許多靈魂因缺乏伸出援手的人而喪命。」（《基督比喻實訓》原文第191頁）。審查教友名冊紀錄並以基督的救贖方式進行這一任務，乃是一種極其必要的事工。

教會規程
Church Manual

第 **8** 章

# 紀律處分

DISCIPLINE

# 第1節　一般原則

《聖經》和《預言之靈》以明確之語論述了上帝子民所擔負的、維護教會純潔、忠貞以及屬靈熱忱的嚴肅責任。如果教友的信心變得冷淡或逐漸遠離了信仰，教會必須盡力挽救他們歸回主基督。

**1-1 處理犯錯的教友**——「倘若你的弟兄得罪你，你就去，趁著只有他和你在一處的時候，指出他的錯來。他若聽你，你便得了你的弟兄；他若不聽，你就另外帶一兩個人同去，要憑兩三個人的口作見證，句句都可定準。若是不聽他們，就告訴教會；若是不聽教會，就看他像外邦人和稅吏一樣。我實在告訴你們：凡你們在地上所捆綁的，在天上也要捆綁；凡你們在地上所釋放的，在天上也要釋放。」(太18:15-18)

「上帝的子民在處理犯錯之教友的事上，應當謹慎遵行救主在〈馬太福音〉18章的指示。

「人類乃是基督的產業，是祂用無比重價買回來的，並以自己和祂天父向他們所顯示的愛，將他們和祂緊緊相連。既然如此，我們在彼此相處的事上，應該何等謹慎啊！人無權惡意揣測自己的同胞。教會無權隨著自己的衝動和意向來處理犯錯的同道教友。他們甚至也不應該發表自己對那位犯錯者的成見；因為那樣行就是將毒酵放在別人的心意中了。……

「基督說：『倘若你的弟兄得罪你，你就去，趁著只有他和你在一處的時候，指出他的錯來。』不要將弟兄的過錯告訴別人。因為倘若告訴了一個人，而這人告訴別人，別人又告訴別人，以致消息傳開，禍患擴大，全教會蒙受其害。應當『趁著只有他和你在一處的時候』將問題解決，這才是上帝的方法。」(《教會證言》卷七，原文第260頁)

**1-2 上帝的計畫**——「無論人怎樣得罪你，上帝為解決誤會和個人傷害制定的計畫都不會改變。懷著基督的精神去跟犯了過錯的人獨自交談，往往能夠將困難解決。應當心中充滿基督的愛和同情，到有錯的弟兄那裡去，設法解決這事。應當心平氣和地與他理論。禁止自己的口不說憤怒的話。當以能感動他做出較理智判斷的方式和他談論。不要忘記〈雅各書〉5章20節的話：『叫一個罪人從迷路上轉回便是救一個靈魂不死，並且遮蓋許多的罪。』……

「全天庭都關注一個受傷害者和一個犯錯者之間的會談。若是那個犯錯的人接受出自基督之愛的責備，承認他的過錯，又在上帝和他的弟兄面前求饒恕，上天的陽光就必充滿在他的心中。……上帝的靈使二人的心聯合，天上也要為二人的恢復和好而奏樂。

「『他若不聽，你就另外帶一兩個人同去，要憑兩三個人的口作見證，句句都可定準。』……帶上心意屬靈的人與你同

去，跟那有錯的人談他的過錯。……當他看出你們對這件事的意見一致，心也許就豁然開朗了。

「他若是不聽他們，又該怎麼辦呢？難道幾個人召開一個堂董會就可負起把犯錯的教友除名的責任嗎？『若是不聽他們，就告訴教會』……讓教會針對其教友採取措施。

「但他『若是不聽教會，就看他像外邦人和稅吏一樣。』……若是他對教會的教導置若罔聞，堅決拒絕一切為挽回他而作的努力，那麼，割斷他與團契的聯繫的責任就落在教會身上了。那時，他的名字就該從名冊上被除去。

「但在未忠實地遵循基督的指示之前，無論哪一位教會職員不可主張、哪一個委員會不可建議、哪一個教會也不可表決將犯錯者的名字從教友名冊上除去。當教會遵行主的教訓之後，教會就在上帝面前盡職盡責了。那時，惡事必須一五一十地呈現出來、予以清除，以免影響面繼續擴大。教會必須保持自身的健全和純潔，方可毫無玷污地站立在上帝的面前，披戴著基督的義袍……

「基督又繼續說道：『我實在告訴你們：凡你們在地上所捆綁的，在天上也要捆綁；凡你們在地上所釋放的，在天上也要釋放。』……

「這一宣告是歷代以來都有效的。教會已被賦予代替基督

行事的權柄。它是上帝在祂子民中維持秩序和紀律的工具。主已授權教會解決一切有關其本身的興旺、純潔和秩序的問題。如有不配的教友，因其非基督化的行為而使真理受辱，教會就有革除他們的責任。凡是教會遵照上帝聖言中的指示而行的事，上天都必批准。」（《教會證言》卷七，原文第261-263頁）

**1-3 教會的權限**──「世人的救贖主已將極大的權柄賦予祂的教會。祂宣布了一些可用以審斷其教友的準則。在祂給予明確的指導，顯示應當採取的途徑之後，便說：『我實在告訴你們：凡你們在地上所捆綁的，在天上也要捆綁；凡你們在地上所釋放的，在天上也要釋放。』這樣，如果教會按聖經的條例對教友實施懲戒，天上掌權者也會予以認可。

「上帝的聖言並不許可某個人設立自己的判斷來反對教會的判斷，也沒有容許某個人以自己的意見來影響教會的意見。」（《教會證言》卷三，原文第428頁）

**1-4 教會的責任**──「上帝要祂的百姓作為一個團體對其中個別人士所犯的罪負責。教會的領袖們若馬馬虎虎、不殷勤查明導致上帝降怒於全體的罪，他們就要為這些罪負責。」（《教會證言》卷三，原文第269頁）

「如果教會缺乏了紀律性和管理，教會就會四分五裂。她不可能凝聚成一個整體。」（《教會證言》卷三，原文第428頁）

**1-5 不敬虔分子拒絕教會處分**——「許多人沒有像約書亞那樣的判斷力，也不感到負有特別責任去查出錯行，並將存於民間的罪惡迅速予以處理。這等人不該阻擋那些負有此種重任的人，也不可妨礙他們執行此項任務。有些人因為上帝未交給他們去做這事，當別人去做時，就發出疑問尋找錯處。這些人是直接攔阻別人執行上帝所賦予的責任，要去譴責並糾正流行的罪惡，使上帝的怒氣轉離祂的子民。假如我們中間發生了亞干那樣的事件，有些人像約書亞那樣查究這事，就另有許多人會指控他們，說他們存心不良，故意吹毛求疵。上帝是輕慢不得的，而祂的警告若被一班頑梗的子民所藐視，祂也絕不會不予懲罰的。……

「人若存著敬畏上帝之心而去剷除教會的障礙，改正有害的錯行，使上帝的子民能看出厭棄罪惡的重要，因而在純潔中日趨興盛，並使上帝的聖名得著榮耀，這樣的人必時常遇到從不敬虔的教友方面來的反抗阻力。」（《教會證言》卷三，原文第270、271頁）

**1-6 維護教會的合一**——基督徒應竭力避免那些使他們分裂、令聖工蒙羞的趨勢。「上帝的旨意是要祂的兒女團結一致。他們難道不希望在同一個天國裡生活嗎？……那些不肯同心協力工作的人，使上帝大大蒙羞。」（《教會證言》卷八，原文第240頁）教會應對那些威脅信徒和諧的行為加以制止，並且應堅

持不懈地鼓勵團結。

雖然在教會裡所有教友的權利都是相等的，但任何個人或群體都不可發起一個運動、或組織一個團體、或鼓勵一群追隨者來達成某個與本會基本信仰及教導不符的目的，或傳授與本會基本信仰及教導不符的教義或信息。這種行徑只會導致產生紛爭的精神，使教會佈道工作分崩離析，從而阻礙了教會達成對上帝和世界應盡的義務。

**1-7 解決教友之間的分歧**——要盡力解決教友之間的分歧，把爭執化解到最輕微的地步。解決教會內部分歧在大多數情況下都不必走到需要由教會出面調停或訴諸法庭的地步。

「如果弟兄之間的疑難糾紛不擺在其他人眼前，而是由他們自己帶著基督的愛坦誠地商談，有多少邪惡的事情都可以被避免啊！有多少讓人深受其害的苦毒都能被連根剷除啊！基督的追隨者將會在祂的愛裡何等親密、溫柔地團結在一起啊！」（《福山寶訓》原文第59頁）

「在弟兄之間興起的紛爭、衝突及訴訟使真理的聖工蒙羞。採取這種行動的人乃是將教會暴露於敵人面前，任其嗤笑，並使黑暗的權勢得勝。他們是將基督的傷處重新刺透，並且明明地羞辱祂。從不顧教會權柄的事上，就表明他們藐視上帝，因為教會的權柄是祂所賜的。」《教會證言》卷五，原文第

242、243頁)

民事訴訟往往是在爭執的精神中進行的。而爭執的精神源於人的自私，也暴露了人的自私本性。教會乃要彰顯基督的精神，所以必須遏止這種敵對的行為。基督化的無私精神會引領基督的門徒「情願受欺」（林前6：7），而不會領他們「在不義的人面前求審，不在聖徒面前求審」（林前6:1）。

在當今的社會，有時候基督徒也要尋求法院的判決來解決紛爭，但基督徒最好是在教會的權力範圍內尋求和解的方法。如果真的需要向法庭提出訴訟，這些案件應該是那些超出了教會權力範圍、且只有民事法庭才擁有司法權、或教會內部沒有適當的程序可以做出恰當之判決的案件。這樣的民事訴訟不應成為報復及敵對的手段，而是發自尋求公平仲裁、和睦解決分歧的願望。

這類民事案件包括但不限於以下種類：保險理賠、房地產界線及所有權的判決、涉及遺產管理引起的問題以及未成年子女監護權的判決等等。

雖然為避免〈哥林多前書〉第6章中所提到的爭訟事件，教會應在合法的範圍內設立解決紛爭的程序，但教會也應提防不要偏離了傳福音的使命，反而擔負起了民事裁判的責任。（參閱路12:13、14及《教會證言》卷九，原文第216-218頁）

　　上帝對祂教會之成員的理想是：他們應該「若是能行，總要盡力與眾人和睦」(羅12：18)。教會當用一切可行而合理的方式，儘速解決教友之間的紛爭。如果教會不能應教友的請求，幫他排解紛爭，或如果教會認為該案件的性質已不在其權限範圍之內，則應該承認教會已用盡聖經所列明的各種和解辦法，那麼此後他或她所採取的行動則取決於個人良心。(參閱《基督復臨安息日會聖經註釋》卷六，原文第698頁)

　　但是當教會盡力並透過及時而友好的方式來協助解決教友間的分歧、提出解決方案的建議時，教友們不可輕率地拒絕教會的建議。〈哥林多前書〉6章7節教導我們：一位教友若在教會的正規程序之外向另一位教友提出訴訟，不是一件小事。

　　若教友不願等待接受教會調解他們與其他教友之間的糾紛、顯示出不耐煩和自私的態度，教會可恰當地處分其人 (參閱本書102-103頁)，因為他們擾亂了教會、藐視了教會的合法權柄。

　　**1-8 解決教友對教會的不滿**──解決教友之間爭端的原則同樣適用於解決教友對教會組織和機構的不滿。

　　教友不應向教會任何團體提出訴訟，除非教會未能提供解決不滿的合適辦法，或該案件的性質確非教會權限內可以解決。

　　**1-9 解決教會對教友的不滿**──有時教會機構也會對教友

產生不滿。這時教會行政人員必須本著基督化的克制，牢記聖經中有關調解基督徒之間紛爭的勸勉，並用這些勸勉來解決教會對教友的不滿。教會不應該在屬世的法庭中提出訴訟，乃應竭盡全力與教友合作，提供一個合理解決問題的方案。

本會認識到需要特別小心行事以保護所有信徒的最大屬靈利益，確保公平對待每個人並維護教會的聲譽。教會若用輕描淡寫的方式對待罪或容忍個人的觀念來影響教會的決定，其後果是嚴重的。但在同時，教會必須努力挽回犯錯的信徒。

「若是犯錯的人悔改了，肯服從基督的訓誡，就當再給他一個考驗的機會。即使他不悔改，即使他站在教會外面，上帝的僕人對他仍有工作要做，他們當懇切設法使他悔改。無論他所犯的罪多麼嚴重，只要他順服聖靈的感動，認錯棄罪，並顯出悔改的實證，就當赦免他，歡迎他重回羊圈。他的弟兄們尤當給他合適的鼓勵，並且要像自己處在他的境地時，願意人怎樣對待自己那樣來對待他。他們也當省察，免得自己也受試探。」(《教會證言》卷七，原文第263頁)

## 第2節　紀律處分的原因

信徒應接受紀律處分的原因如下：

❶ 否認教會的福音要道和基本信仰，或宣講與此相反的道理。

❷ 違背上帝的律法，如拜偶像、謀殺、偷盜、褻瀆、賭博、干犯安息日、故意或習慣欺詐。

❸ 違背了上帝所發出的「不可姦淫」（出20：14；太5：27-28）的誡命。因為這條誡命跟神聖的婚姻制度、基督徒家庭、聖經中的道德行為標準相關，也包括了任何發生在婚姻之外的性行為，以及／或婚姻中違背對方意願的性行為，不論該行為合法與否。這些行為包括（但不限於）對兒童的性侵犯，也包括對弱勢人士的虐待。根據聖經定義，婚姻是一種公開、受法律約束的，由一夫一妻的、一男一女之間建立的異性戀關係。

❹ 淫亂，包括濫交、同性戀行為、亂倫、雞姦和獸交。

❺ 製作、使用或散播色情材料。

❻ 因通姦或性變態而離婚後再婚，而配偶是忠於婚姻誓言的一方。

❼ 對他人（包括家人）施行暴力。

❽ 在生意上使用欺詐或刻意誤導的手法。

❾ 行為不端致使教會蒙羞。

❿ 加入或參與分裂教會、背叛教會的運動或組織。（見本書102頁）

⓫ 拒不認可經正當程序構成的教會權威，或不服從教會的秩序和紀律。

⓬ 使用、生產及銷售含酒精的飲品。

⓭ 使用、生產及銷售各種形式的菸草產品。

⓮ 使用或生產非法藥物毒品；或使用、濫用、銷售迷幻藥物；或在無正當醫療原因和許可的情況下使用藥品或毒品。

## 第3節　紀律處分的過程

倘若發生了嚴重的罪行，就當執行紀律，有兩種可行的方式：

**一、通過投票進行譴責。**
**二、通過投票執行除名。**

**3-1 以譴責處分**——倘若教會認為信徒所犯的過錯並非嚴重到必須除名的程度，教會可表決採取譴責的方式來表明立場。

譴責有兩個目的：一、教會對信徒所犯的、令聖工蒙羞的嚴重過錯表示反對；以及二、使犯錯的教友明白自己的生活需要改變、行為需要糾正，同時也給其一段寬容的考驗期使其做出相應的改變。

譴責明訂的時期為最少一個月、最多一年。在受譴責期間，受譴責者不得在教會內擔任職務，也不享有選舉權。在受譴責期間，受譴責者無權通過發言或投票參與教會事務或主持教會活動，比如擔任安息日學教員。但是，教會不得剝奪其參加安息日學、崇拜聚會或聖餐禮的權利。在受譴責期間，教會

不為受譴責的信徒辦理轉移教籍的手續。

所表決的譴責不可附帶威脅將受譴責人除名的條件。比如，規定受譴責者必須遵從教會制訂的條件，否則就將其除名。在譴責期滿時，教會應該評估受譴責者是否已經改過自新。如果其行為令教會滿意，教會就要恢復受譴責之人的正常教友身分、無須進一步的處分。教會應通知受譴責之人處分已經結束；如果其行為不能令教會滿意，教會可以再次考慮採取恰當的處分。恢復教會職務必須經過選舉。

**3-2 以開除教籍處分**——開除教籍就是把一個教友從作為基督肢體的教會開除，這是教會對信徒做出的最嚴厲的處分。只有在切實遵行本章所有的指導、徵求了牧師或（在沒有牧師的情況下）區會的意見、並且已竭盡一切努力對犯錯信徒進行挽救之後，方可採取除名的措施。

**3-3 不可另立考驗信徒的標準**——任何傳道人、地方教會或區會都無權制訂考驗信徒的標準。這樣的權力由全球總會代表大會掌握。因此，試圖採用本章所述之外的標準的人都不是在恰當地代表本會。（見《教會證言》卷一，原文第207頁）

**3-4 處分要及時**——教會要在合理時間內完成紀律處分的程序，並且憑著愛心迅速傳達結果。在紀律處分的施行上拖延會加增教友及教會本身的挫敗感和痛苦。

**3-5 不可擅自論斷他人品格與動機**——「基督明白地教訓我們：凡公然犯罪、怙惡不悛的人，必須與教會隔離，但是祂並沒有將論斷人品格與動機的工作交給我們。祂因明瞭我們的本質，所以不將這工作託付給我們。如果我們想要從教會裡除去我們認為是虛假的基督徒，我們就必犯錯誤。往往我們所認為沒有希望的人，卻正是基督所吸引歸祂自己的對象。倘若我們根據自己有缺點的判斷力去處理這等人，就可能會消滅他們最後一線希望。許多自以為是基督徒的人，到最後倒要顯出虧欠來。將來進入天國的人，必有許多是他們的鄰舍所認為絕不能進到那裡去的人。因為人是根據外表判斷，上帝卻鑑察內心。稗子和麥子要一齊生長，等著收割；收割就是恩典時期的結束。救主的話中還有一個教訓，那就是有關不可思議的忍耐與仁愛的教訓。稗子的根如何與好種的根緊密地糾纏著，照樣，教會中的假弟兄，也可能與真信徒緊密地連在一起。這些偽信徒的真面目尚未完全暴露。如果使他們離開教會，那其他本來可以站穩的人或者會因而跌倒了。」（《基督比喻實訓》第4章，原文第71、72頁）

**3-6 召開合宜的會議**——教會若有充分理由處分教友，必須召開堂董會檢討案件，然後在恰當召開的教會事務會議正式表決（見本書207-208頁）。會議必須由一位經按立的牧師或一位被按立為相關教會之長老、持有證照的牧師來主持。如果牧師不在，地方教會的長老就要在徵得牧師或區會會長的同意之後來

主持會議。

**3-7 經多數人投票**——在所召開的合宜會議上，必須經出席的教友的大多數投票通過方可開除或處分教友。「教會中大多數人的意見就是一種應該控制個別分子的力量。」(《教會證言》卷五，原文第107頁)。

**3-8 堂董會不可開除教籍**——堂董會可以向教會事務會議提議將某位教友除名，但是無論在何種情況下堂董會都無權將教友除名。教會書記除了可將死亡的教友名字註銷之外，非經教會全體在事務會議上表決通過，不可將任何教友的名字從名冊上除去 (見本書94-95頁)。

**3-9 教友的基本權利**——信徒享有提前獲得召開紀律處分會議的通知、為自己辯護、提供證據以及提供證人的基本權利。任何教會都不得在信徒缺乏這些基本權利的情況下做出處分某位信徒的決議。書面通知必須在紀律會議召開前至少兩個星期提供給信徒，且須包括紀律會議召開的原因。

**3-10 律師不能代表教友**——教會維持秩序、進行紀律處分完全是教會的功能，與民事或法律的程序無關。因此，教會不承認任何教友有權請律師來代表他 (她) 出席教會為了維持秩序、進行紀律處分而召開的會議，或為開展教會其他事務而召開的會議。教會應告知那些想帶律師來參加會議的教友，如果

他們堅持要求律師出席會議，教會將不予接待。

教會也禁止一切非教友參加教會為維持秩序、進行紀律處分的會議，除非是那些被召作見證的人。

**3-11 受譴責之教友移名**——教會不應該接受一個正受別處教會譴責的人為教友，因為這樣做等於是縱容此人的過犯。接受一個正受譴責的人為教友嚴重違反教會規章，違反的教會可能被區會處分。

**3-12 不可將缺席的教友除名**——教會領袖應堅持不懈地探訪那些不來教會的教友，並鼓勵他們恢復聚會，享受與其他信徒一起敬拜上帝的福分。

當教友因年老體弱或其他無法避免的因素而不能經常赴會敬拜之時，他們就應用通信或其他方法與教會領袖保持聯絡。但是，只要教友忠於教會的信仰，不來教會聚會並不能夠成為足夠的理由使教會將其除名。

**3-13 遷居未呈報的教友**——一位教友若遷居他處，就應將新的地址通知教會長老或書記。既然其教籍仍屬原本的教會，他／她就應該至少每季一次向教會報告、將十分之一與捐款等寄交教會。但如果遷居的教友沒有給教會留下跟進的地址，也沒有盡力與原教會聯絡或寄送報告，以致教會在接下來至少兩年內均無法與其取得聯繫，教會就可以經全體會眾的表決將其

除名。教會書記應當在其教籍檔案註明：「此人下落不明。投票認定其為失聯人士。」

**3-14 不可因教友未作經濟奉獻將其除名**──雖然教友應根據自身能力在經濟方面支持教會聖工，但教會不可因為教友不能或沒有向教會做出經濟奉獻而將其除名。

**3-15 自請除名的教友**──當處理信徒退出教會的要求時應特別謹慎。出於對當事人的愛護，教會應當在不公開討論的情況下採取行動。

本會承認信徒個人有權利放棄教友身分。教友應向堂董會提交退出聲明信，教會應根據聲明信記錄退出的生效日期。教會應該為吸納該成員回歸教會大家庭作出一定的努力。

**3-16 通知被除名的教友**──教會若將教友除名，必須以書面形式將結果通知被除名人士；同時，要使對方知道教會仍然關心其屬靈利益及生活。可能的話，這封信應由堂主任或堂董會指派的人士親自交給被除名人士。教會要誠懇地告訴前教友：教會希望他／她能夠歸回，而且希望有一天能與他／她永遠活在上帝的國度。

**3-17 恢復被除名之教友的教籍**──當成員因紀律處分被除名，教會應盡可能與他們保持聯繫、彰顯友愛的精神，為的是把他們帶回到主跟前。

當被除名者承認所犯的錯誤、有證據顯示其已真心悔改且生活發生了改變,而且其生活符合教會的標準、願意完全順從教會的秩序和紀律時,教會可為其恢復教籍。恢復教籍的手續最好是在將其除名的教會中進行。但是,如果不可能,該人士向哪個教會提出恢復教籍的要求,那個教會就必須向其從前所屬的教會了解其被除名的原因。

當教會處理因性侵而被除名的人士之恢復教籍的要求時,必須謹記:恢復其教籍並不能完全免除其罪行的一切後果。一個因性侵而被定罪或被紀律處分的人雖然可以在恰當的約束下參加教會活動,但不可擔任能夠接觸兒童、青少年或其他易受傷害人士的職務。該名人士也不應擔任任何可取得易受傷害人士信任的職務。

鑑於被教會除名是最嚴重的紀律處分,教會應有充分的時間來判斷被除名者已經不容置疑地痛改前非,然後才做決定恢復其教籍。恢復教籍最好是透過重新受洗的方式來完成。

**3-18 要求恢復教籍的申訴權**──儘管教會有權對教友進行紀律處分,但這並不排除教友尋求公正的權利。如果教友相信自己沒有得到地方教會的公正對待或者教會沒有公正地給予其辯解機會,而且相信教會不願重新考慮其個案或教會行政人員拒絕考慮其恢復教籍的申請,前教友有權以書面向教會提出申訴。教會不應忽視、拒絕給予其聽證會。如果教會

忽視、拒絕其要求或前教友在申訴後仍然感到教會沒有公正
地對待自己，前教友有權向區會執行委員會提出最後申訴，
要求舉行聽證會。

在經過完整、不偏不倚的聽證之後，如果區會執行委員會
認為教會確實對待申訴人有失公允，就可向教會建議恢復申訴
人的教籍。如果那教會仍舊拒絕為申訴人恢復教籍，執行委員
會可建議其加入另一教會。但是，假如區會執委會發現教會拒
絕為申訴人恢復教籍有正當的理由，區會執委會就當如實記錄
在案。

第 **9** 章

# 教會職員及組織

## LOCAL CHURCH OFFICERS
## AND ORGANIZATIONS

選拔高素質的職員對教會的興旺極為重要。因此，當教會呼召人擔任神聖職責時，必須慎之又慎。

## 第1節　一般條件

**1-1 道德和宗教的適任要求**──「並要從百姓中揀選有才能的人，就是敬畏上帝、誠實無妄、恨不義之財的人，派他們作千夫長、百夫長、五十夫長、十夫長，管理百姓。」（出18:21）

「所以弟兄們，當從你們中間選出七個有好名聲、被聖靈充滿、智慧充足的人，我們就派他們管理這事。」（徒6:3）

「監督也必須在教外有好名聲，恐怕被人毀謗，落在魔鬼的網羅裡。」（提前3:7）

「你在許多見證人面前聽見我所教訓的，也要交託那忠心能教導別人的人。」（提後2:2）

「作監督的，必須無可指責，只作一個婦人的丈夫，有節制，自守，端正，樂意接待遠人，善於教導；不因酒滋事、不打人，只要溫和，不爭競、不貪財；好好管理自己的家，使兒女凡事端莊、順服。人若不知道管理自己的家，焉能照管上帝的教會呢？初入教的不可作監督，恐怕他自高自大，就落在魔鬼所受的刑罰裡。監督也必須在教外有好名聲，恐怕被人毀謗，落在魔鬼的網羅裡。

　　「作執事的，也是如此：必須端莊，不一口兩舌，不好喝酒，不貪不義之財；要存清潔的良心，固守真道的奧祕。這等人也要先受試驗，若沒有可責之處，然後叫他們作執事。女執事也是如此：必須端莊，不說讒言，有節制，凡事忠心。執事只要作一個婦人的丈夫，好好管理兒女和自己的家。因為善作執事的，自己就得到美好的地步，並且在基督耶穌裡的真道上大有膽量。」（提前3:2-13；另見多1:5-11及多2:1，7、8）

　　「不可叫人小看你年輕，總要在言語、行為、愛心、靈性、信心、純潔上，都作信徒的榜樣。你要以宣讀、勸勉、傳道為念，直等到我來。你不要輕忽所得的恩賜，就是從前藉著預言、在眾長老按手的時候賜給你的。這些事你要殷勤去做，並要在此專心，使眾人看出你的長進來。你要謹慎自己和自己的教訓，要在這些事上恆心；因為這樣行，又能救自己，又能救聽你的人。」（提前4:12-16）

　　**1-2 牧養及保護教會**——使徒保羅「請教會的長老來」，勸勉他們說：「聖靈立你們作全群的監督，你們就當為自己謹慎，也為全群謹慎，牧養上帝的教會，就是他用自己血所買來的。我知道，我去之後必有兇暴的豺狼進入你們中間，不愛惜羊群。就是你們中間，也必有人起來，說悖謬的話，要引誘門徒跟從他們。所以你們應當警醒，記念我三年之久晝夜不住地流淚、勸戒你們各人。」（徒20:17，28-31；另見彼前5:1-3）

**1-3 尊重牧師及教會職員**——「弟兄們，我們勸你們敬重那在你們中間勞苦的人，就是在主裡面治理你們、勸戒你們的；又因他們所作的工，用愛心格外尊重他們。你們也要彼此和睦。」（帖前5:12、13；另見提前5:17及來13:7，17）

「帖撒羅尼迦的信徒，常因一些提倡離奇荒誕之思想和道理的人進入他們中間，而受到困擾。有些人『不按規矩而行，什麼工都不作，反倒專管閒事』。教會已正式成立組織了，並有職員選派出來作傳道人和執事。但總有一些固執己見、性情急躁的人，不肯服從那些在教會中負有權責的人。他們非但堅持獨立的意見，同時還公然勉強教會接受他們的看法。保羅有鑑及此，就勸帖撒羅尼迦人注意，務要尊重那些被選在教會中負有權責的人。」（《使徒行述》原文第261、262頁）

「在教會裡居負責地位的人也許像其他人一樣犯錯，也可能做出錯誤的決定；雖然如此，基督在地上的教會已賦予他們不可輕視的權柄。」（《教會證言》卷四，原文第17頁）

**1-4 不可倉促選任職員**——「我們在許多地方看到一些不合格卻以教會長老身分被倉促選任要職的人士。他們不能好好地管理自己。他們的影響也差。由於這些品格上有缺陷的領袖，教會的問題不斷湧現。教會為這些人按立時太草率了。」（《教會證言》卷四，原文第406、407頁；另見《教會證言》卷五，原文第617頁及提前5:22）

**1-5 反對合一之人不宜被選為職員**——「近來在我們中間興起一些自稱是基督的僕人的人，但他們所做的卻與主在教會中所建立的合一相左。他們有自創的計畫和工作方法。為了迎合自己所設想的進步，他們在教會中引進變革，夢想收到偉大的效果。這等人應該在基督的學校裡當學生，而不是作教師。他們浮躁不安，圖謀大事，為榮耀自己而做事。他們需要學習、明白那一切教訓中最有益的教訓就是謙卑和信靠耶穌。……

「只要他們願意順從真理、潔淨自己的心靈，真理的教師、教會裡的傳道士和職員就能為主做一番很好的工作。」

（《教會證言》卷五，原文第238頁）

**1-6 選任拒絕合作之人有其風險**——「上帝已經在教會中安置了有著不同才幹的人作祂所指定的助手，藉著集體的智慧可以迎合聖靈的心意。人若隨自己倔強的個性而行，不肯與其他在上帝聖工上富有經驗的人並肩合作，就必因自恃而致盲目，不能分辨真偽。選派這樣的人在教會作領袖，乃是很不妥當的；因為他們必要獨斷獨行，不顧弟兄們的意見。仇敵很容易利用那些自己還需要逐步受教，而在尚未學得基督的柔和謙卑之前，竟敢靠自己的力量從事護衛靈命之工作的人。」（《使徒行述》原文第279頁；另見本書53-54頁以及193-197頁）

**1-7 參加選舉需具備當地教會教籍**——信德良好的教友有資格在其教籍所在的教會被選舉擔任領導職位（見本書180-185

頁）。但遇以下情況可以例外：

❶ 信德良好的教友因求學而離開家鄉、在暫住地區的教會定期赴會。

❷ 由區會委派在兩個或更多教會擔任牧師或領袖的區會職員（見本書180-185頁）。

❸ 一個長老可以在需要時、由區會執委會推薦被選派在同一教區的一個以上的教會服務（見本書125-126頁）。其他例外情況可由區會執委會考量。

**1-8 在奉還什一方面應以身作則**——所有職員都應忠心向教會繳納什一，為教友樹立榜樣。任何不能在繳納什一方面成為榜樣的人士均不能被選為教會職員。

**1-9 非當然代表**——任何教會職員都不是參加區會代表大會的當然代表。如果教會想讓某職員成為代表，必須選舉他／她擔任代表。

**1-10 職責的分配**——教會不應把過多的職責放在少數幾個願意做工的職員身上，而讓其他人無所事事。除非情形所迫，教會不鼓勵選舉一個人擔任多重職務。

**1-11 除名與教籍恢復**——當一位職員被除名後重入教籍，其之前的職務並不會自動恢復。

## 第2節　任職期限

教會及其附屬組織職員的任期為一年。但是如果為了使職員的屬靈恩賜得到延續和發展，並省去每年舉行選舉的麻煩，地方教會可在事務會議中議決每兩年選舉一次。

儘管教會不建議讓一個人無限期擔任某職位，但是職員可以被連選連任。

## 第3節　長老

**3-1 教會的宗教領袖**——長老必須是全體會眾所公認、強而有力的屬靈領導人，且必須在教會和社區有好名聲。當沒有牧師的時候，長老就是教會的屬靈領袖。他必須透過聖經教導和自身榜樣努力引領全體會眾進入更深入、完全的基督徒經驗。

長老應該有能力主領教會的各種聚會，當被委派的牧師不在時也能講解聖經和要道。然而，教會選舉長老應考慮的主要因素不是其個人的社會地位或演講口才，獻身生活和領導才能才應是考慮因素。

長老可以連選連任，但最好不要讓某個人無限期地在位服事。教會沒有義務重選某位長老連任。當啟用新人是妥善之舉時，就應該選舉新人。新長老當選之後，舊長老就不再履行長老之職，但可被選為教會其他職員。

**3-2 長老會**——如果一個教會有多位長老，應該組織一個

由牧師或其指定者擔任主席，並由首席長老或另一位長老擔任祕書的長老會。這樣的組織提供了一種分配責任並協調他們為教會福祉做出貢獻的途徑。它還提供了一個培訓的場所，讓長老們能夠學習和履行他們的職責。長老會對教會堂董會負責。

**3-3 長老的按立**——被選為長老並不等於被選人有作長老的資格。被選人必須經過按手禮後才有權履行長老的職務。被選人可以在當選之後和接受按手之前的時期擔任教會領袖，但是不可主持教會的各項聖禮。

長老的按手禮只能夠由持有當地區會證書的牧師來主持。作為禮貌，教會可以邀請其他來賓牧師進前來協助這項儀式。然而，只有應當地區會負責人特別邀請作來賓的或已退休的牧師才能主持按手禮。

這項神聖的按手儀式應該在全體會眾面前簡單地舉行，程序可以包括扼要地講述長老的職責、所要求的資格以及教會授權長老執行的主要工作。在勸勉之後，在其他列席參加儀式的、受過按手禮的牧師及／或當地長老的協助之下，受過按手禮的主持牧師可以藉著禱告和按手為長老進行按立（見本書58-59頁）。

長老被按立後，無論是被地方教會重選為長老或在另一教會被選為長老，只要其保持良好的教友操守，就不必再接受按

手了。他們亦有資格擔任執事的職分。

**3-4 長老與牧師的關係**——如果區會執委會差派一位或多位牧師來牧養堂會，牧師或主任牧師（如果超過一個牧師）應被視為最高職員，當地的長老是牧師的助手。鑑於他們的工作是密切相關的，因此應當同心合作。牧師不應該集各項職務於一身，而要與長老及其他職員分擔。慣常服務本堂的牧師也是教會堂董會的主席（見本書51，211-215頁）。但是，在某些情況之下由長老來擔任此職較為妥當。牧師及長老應當共同分擔牧養的責任。經與牧師商量，長老應當去拜訪教友、服務病人、建立禱告事工、安排或帶領膏抹禮及獻嬰禮、鼓勵冷淡灰心的人並協助其他牧養。長老作為牧羊人的助手，當時刻儆醒去照顧羊群。

如果是持有證照的牧師（教士），他所服務的教會應該選舉他擔任長老（見本書52-53頁）。

因為牧師是由區會委派到地方教會任職，所以牧師是以區會職工的身分服務地方教會，要向區會執行委員會負責，並對地方教會的所有計畫和方針保持贊同和配合的態度並和諧執行。長老是由地方教會選舉的，因此是向地方教會及堂董會負責（見下文）。

**3-5 長老職權僅限於地方教會**——長老的職權和工作只限

於選舉長老的地方教會之內。區會執委會不得投票決定將原屬於一個按立牧師的職權授予某一位長老、允許其在別的教會行使長老的職務。如有這樣的需要，區會執委會可以建議需要長老服務的教會邀請並選舉附近教會的長老來作他們的長老。這樣，在必要時，一個人在經過選舉後可以擔任多個地方教會的長老。這樣的安排只能由地方教會與區會執委會商議之後進行。選舉長老的權力是屬於地方教會的，而不屬於區會執委會。一個人想獲得為本會整體服務的資格，只有透過被按立為牧師的途徑（見本書52-53及本頁）。

**3-6 主持教會的聚會**——無論在牧師領導之下或在牧師缺席時，長老須負責教會的各種聚會，由自己主領或預先安排別人主領。聖餐禮必須由經按手／委任的牧師或長老主持。牧師通常擔任事務會議的主席。牧師缺席時，長老須待牧師或區會會長的批准方可代任主席。

**3-7 浸禮**——如果牧師缺席，教會的長老應向區會會長請求安排，為那些願意入會的慕道友舉行浸禮（見本書80-86頁）。如果當地教會的長老未事先獲得區會會長的許可，則不得執行浸禮儀式。

**3-8 婚禮**——在婚禮中，只有牧師才有主持立約、宣誓及公佈成婚的權力，除非在某些地區經分會的執行委員會議決，揀選、給予許可或委任證明和被按立為當地教會長老的傳道

人，才可主持婚禮（見本書52-53頁）。當地法律可能要求負責證婚人士持有委任證明。牧師、具有許可或委任證明的傳道人或本堂的長老都可以在婚禮中短講、獻禱、或祝福（見本書第9章註釋1，284頁）。

**3-9 提倡什一**——倘若長老忠心獻納十分之一，就能夠鼓勵教友同樣忠心獻納十分之一（見本書222-224，276-277頁）。他可以對大眾宣述以聖經為首及作為管家的本分，並以一種機智和助人的態度來從事這項工作。

長老對於教友們的經濟問題應當嚴守祕密，不應將任何有關資料交與未經授權之人的手中。

**3-10 提倡查經、禱告以及教友的靈命成長**——作為屬靈領袖，長老有責任鼓勵教友養成個人讀經和禱告的習慣，從而跟耶穌建立關係。長老有責任在讀經和禱告上以身作則並支持教會和區會的事工和活動。他們應委身於培養並激發教友的靈命成長。長老可以要求堂董會成立事務委員會來協助教會發展和鼓勵教友。

**3-11 推動各部門事工**——教會的長老在堂主任的領導及彼此合作下都是教會屬靈領袖，也有責任去推進各部門的工作。他和教會各部職員都應當保持互助的關係。

**3-12 與區會合作**——教會的牧師、長老和所有職員都當與

區會的職員和各部幹事充分合作，將已獲准的計畫付諸實行。教會應當讓全體教友知道一切例行和特別性的捐款，提倡教會一切計畫和活動，並鼓勵全體職員支持區會的計畫和政策。

長老應跟區會司庫密切合作，了解當地教會是否定時依照區會所定下的截止日期，把屬區會的捐款交還給區會。長老也要留意教會書記的報告是否每季末都迅速寄給區會的行政祕書。

長老應當重視所有從區會辦公室發來的信件。信中若有要對全體教友報告的事項，就必須在合宜的時日報告。

首席長老（見本書186-187頁）在牧師缺席時應當留意教會有無選派教友參加區會代表大會；同時敦促書記將代表名單寄給區會辦事處。

**3-13 提倡全球佈道工作**──長老應當詳細研究並推動本會全球性的佈道工作，並鼓勵教友支持其聖工。他應當鼓勵他們克盡個人的責任支持佈道工作。長老的仁愛機智態度能夠鼓勵教友們向崇拜聚會和安息日學慷慨奉獻。

**3-14 長老的培訓與裝備**──傳道協會與其他部門合作，負責促進對長老的培訓和裝備工作。但是，牧師對培訓長老負有主要的責任（見本書第9章註釋2第284頁）。

**3-15 有效分配工作**——長老不應擔負太多的職務。我們可以在某些情況下請長老引領教會的佈道工作。倘若另有人才可以擔任，則不必要由長老擔任。

**3-16 首席長老**——如果某教會的教友人數眾多，最好按立幾位長老，讓原本的長老能夠減輕負擔。若是這樣，其中一位可以被稱為「首席長老」。所有的工作可以按各長老的經驗和才幹而妥善予以分配。

**3-17 長老職權的限制**——長老無權接受或開除教友。這事應該由教會全體表決才可執行。長老及堂董會只能提出建議去請教會全體表決接受或開除教友（見本書86，90-96頁）。

## 第4節　教會領袖

有些教會沒有信徒有足夠的經驗和資格來擔任長老。在此情況下，該教會應該推選出一個「領袖」。在沒有牧師或區會委派的牧師時，該領袖負責主持教會的聚會，包括事務會議。領袖要親自主持教會聚會，或者安排他人來主持。如果該領袖不能夠主持事務會議，教會應該向區會尋求幫助。

因為領袖不是經按立的長老，所以不可給人施洗、主持聖餐禮、為人證婚、以及主持商討處分信徒的事務會議。教會應該向區會會長要求指派一個經按立的牧師來主持這類聚會或會議。

## 第5節　執事

新約中用以表示執事職分的希臘文詞語是「diakonos」，英文「deacon」即源自於此。其意可解釋為「僕役、服務者、作者、侍從」。在基督教圈當中，「執事」一詞有特殊的意義。

早期使徒教會選出七個執事，他們被按立來管理教會的事務（見徒6：1-8）。他們的資格相較於對長老的嚴格要求只略為寬鬆一些（見提前3：8-13）。

「事實上，這幾位弟兄雖被派專任照顧窮人需要的工作，但這並沒有排斥他們，不讓他們傳道。相反地，他們有充分的資格將真理教訓人，而且他們也以極大的熱忱來從事這一工作，並且獲得了很大的成功。」（《使徒行述》原文第90頁）

「這七個人的受派管理特別工作，經證明對教會大有惠益。這些職員對於個人的需要，以及教會的一般經濟收益，莫不予以細心的照料；而且由於他們審慎的管理和敬虔的榜樣，他們就在使教會各部工作得以聯合統一起來的事上，成了他們同工的重要助手。」（《使徒行述》原文第89頁）

今日教會選出執事來分擔堂主任、長老、和其他職員的辛勞，也會使教會的管理工作蒙受同樣的福惠。

「那些由於上帝的安排，而在教會中擔負領導地位之人的光陰和精力，應當用在那需要特別智慧與寬大心懷的重大事務

上。依照上帝的規定，凡別人有足夠資格辦理的小事，不應上訴到這樣的人那裡去受理。」（《使徒行述》原文第93頁）

傳道協會與其他部門合作提倡培訓及裝備執事。但是，堂主任與長老也對培訓執事負有主要責任。（見本書第9章註釋3，第284頁）

**5-1 執事會**——一個教會如果已選立多位執事，就要組成「執事會」。由首席執事擔任主席，而另一位執事被選為書記。這樣的團體讓執事能夠有條有理地分配責任，也同心為教會的福祉作出貢獻。執事會也提供了一個訓練場域，使被選的新執事可以接受職務上的指導。

**5-2 執事須被按立**——首次當選的新執事，必須由持有區會有效證書的牧師為他施行按手禮，將他分別為聖，然後方可就職。

牧師應在教會舉行簡單而神聖的執事按手儀式。他可以簡潔提述執事的職務、應具備的資格以及教會授權執事從事的主要任務。牧師可再說幾句勉勵的話，敦勸他要忠心服務，然後於禱告後再進行按手禮（如有需要，可由一位長老從旁協助，見本書58-60頁）。

一位執事若曾受過一次按手禮，並且仍然保有教友名籍，當他移名到另外一個教會時，就不必再受按手禮。當他任期滿

了以後，便須被重選才能連任。一位已受過按手禮的長老，若被選為教會執事，就不必再受按手當執事，因為他當長老時所受的按手禮已使他具備足夠資格。

**5-3 執事未被授權主持**——執事無權主持聖餐禮、洗禮、事務會議，也不允許主持婚禮，亦不可主持接受或轉移教友教籍。如果一個教會沒有獲授權的人士來主持上述事宜，教會領袖應聯絡區會尋求幫助。

**5-4 執事的職責**——執事的工作涉及教會裡廣泛的事工，包括：

❶ **協助聚會和會議**——在教會各種聚會中，執事應負責在門口歡迎教友和來賓，如有需要，得幫助他們找到座位。他們也要經常與堂主任和長老通力合作，使教堂中所舉行的各種聚會順利進行。

❷ **探訪教友**——有許多教會的探訪工作是實行分區制，按地區分配教友名單，指派每一執事負責一個地區，並期望他至少每季探訪一次。

執事也應該協助有特殊需求的教友。重要的是要學會如何有效地與教友溝通，並在教友有需要時能提供教會的設施，交通的安排也應便利。當有特殊需求的人無法參加聚會時，應該到他們的家中進行探訪。

❸ **預備洗禮的事宜**——執事應該為洗禮做必要的準備（見本書86頁）。

❹ **協助聖餐禮事宜**——在舉行謙卑禮時，男女執事要預備好所需的一切物品，包括毛巾、水盆、水、水桶。謙卑禮結束後，他們負責把各樣物品洗淨、妥善保存。

聖餐禮結束後，剩下的聖餐餅和葡萄汁不應被吃喝，應由執事用恭敬的態度處理。

❺ **照顧病人、幫助窮人和不幸的人士**——執事的另一項重要責任是照顧病人和救濟幫助窮苦不幸的人。這類工作的費用應從賙濟捐中支應。教會司庫應遵照堂董會的建議，在必要情況下將所需的款項交給男女執事作賙濟之用。

❻ **管理、維護教會財產**——在某些教會中，教會資產的照顧與維護，並未指派給給建築委員會進行，而是由執事來承擔這個責任（見本書第9章註釋4，284頁）。

## 第6節　女執事

早期基督教會的正式職員中就已包括了女執事。

「我對你們舉薦我們的姊妹非比，她是堅革哩教會中的女執事。請你們為主接待她，合乎聖徒的體統。她在何事上要你們幫助，你們就幫助她；因她素來幫助許多人，也幫助了

我。」（羅16:1、2）

女執事的選立應端看她們獻身的精神和其他符合做執事的資格。

傳道協會應協同各部門推動對女執事的培訓和裝備。然而，牧師與長老協同擁有執行女執事培訓的主要責任。（參見本章註釋3，第284頁）。

**6-1 女執事會**——在選立了數位女執事的教會裡，應該組織一個女執事會，由首席女執事擔任主席，另一位女執事為書記。這個女執事會有權安排職務給各女執事，特別是在歡迎參加聚會的教友和來賓，以及家庭探訪工作方面，要與男執事會密切合作（見本書130-131頁）。女執事會也提供了一個訓練場域，使被選出的新女執事可以接受職務上的指導。

**6-2 女執事的按立儀式**——正如男執事的按立，女執事的按立應由持有區會頒發之有效證書、經按立的牧師來進行。按立儀式要簡單，且在會眾面前進行。

只要她們保留教友身分，女執事若移名到其他教會也無需再次被按立。當她們被選任服事的任期結束時，她們必須再次被選舉方可繼續做女執事。一位已受過按手禮的長老，若被選為教會女執事，就不必再受按手當女執事，因為她當長老時所受的按手禮，已使她具備足夠資格。

**6-3 女執事未被授權主持**——女執事無權主持教會的任何儀式或事務會議，也不能進行婚禮儀式或主持教友的移名。

如果一個教會沒有授權的人可執行這些職責，教會領袖應聯繫區會尋求協助。

**6-4 女執事的職責**——執事的工作涉及教會裡廣泛的事工，包括：

❶ **接待訪客和探訪教友**——大多數的教會女執事都於聚會時協助迎接來賓，並會外出探訪未能赴會的教友。

❷ **拜訪教友**——在許多教會中，探訪是按教友居住地區來安排並指派一位女執事負責一個地區，期望她每季至少拜訪每個家庭一次。

女執事還應該協助有特殊需求的教友。學會如何與他們有效溝通是重要的，有需要時應能提供教會的設施，交通的安排也應該便利。當有特殊需求的人無法參加聚會時，應該到他們的家中進行探訪。

❸ **協助洗禮事宜**——在洗禮前後照顧預備領浸的女性慕道友。將受浸時應穿的適當衣服拿給領浸者，並在旁指導和幫助。教會應置備適當質料的受洗袍，這些受洗袍用畢之後，

女執事們應注意將它們洗淨並妥善收藏，以備他日使用（見本書86頁）。

❹ **協助聖餐禮事宜**──女執事應協同男執事一起預備聖餐禮的物品，並且在結束後妥善保存物品。（見本書204-205頁）

在聖餐禮開始前，女執事設置好桌子（包括預備好聖餐餅和葡萄汁）、將葡萄汁倒進杯子、擺好盛有聖餐餅的盤子、用專用的布把桌子蓋好。

女執事要協助謙卑禮的舉行，特別是幫助女性訪客和新的教友。

❺ **關懷病人、幫助窮苦之人**──女執事協助男執事關懷病人、幫助窮人和不幸的人士。（見本書第133頁）

❻ **照顧、維護教會財產**──在某些教會中，教會資產的照顧與維護，並未指派建築委員會，而是由男女執事共同承擔這個責任（見本書第9章註釋4，284頁）。

## 第7節　教會書記

教會的聖工能否有效推展，有賴於書記是否克盡厥職。由於此職特別重要，最好揀選一位能連任多屆的書記，讓他／她可以不間斷地專責保管紀錄和報告的工作；而較大的教會可以推選一位助理書記。如果教會書記因故缺席某事務會議，他／

她當預先安排請助理書記出席，並記錄會議中所討論的一切事項（見本書本章註釋5，285頁）。

**7-1 未經表決不得添名或除名**——教會書記無權在教友名冊上新增或刪除教友的名字；此項事務須經全體教友表決，教會書記才可在教籍上新增或刪除教友的名字。只有在教友逝世時，或教友提出書面要求刪除教籍時才可將教友的名字除去。若有教友身故，教會書記應當在教友名冊上，該教友的名字下註明其逝世日期（見本書95頁）。

當教友向堂董會提出書面要求申請退出教籍，書記要記錄堂董會的決議（見本書112-113頁）。

**7-2 教友的移名**——教友移名的信件無論是教友個人或別處教會寄來的，都交由教會書記處理（見本書90-95頁）。

**7-3 與教友通信**——教會書記應儘可能時常與缺席的教友們通信聯絡（見本書本章註釋6，285頁）。

**7-4 通知參赴區會代表大會的代表**——經堂董會授權，書記應及時用區會提供的表格將教會推選參加區會代表大會的代表名單通知區會（見本書186-188頁）。

**7-5 報告必須按時填寫並寄送**——教會書記應負責按時填寄各種區會所要求的報告。有的報告是一年一次的，有的是每

季一次的。這些報告必須如期寄達區會行政祕書，因為這些資料對於全球教會的其他組織在預備精確的報告上是很重要的。教會書記透過各部門領袖及其他職員收集資訊。

**7-6 教會紀錄**——教會書記是負責保管教會紀錄的人，這些紀錄應妥為保存。一切的紀錄和教會各部職員的帳冊，都是教會的所有物；在任期屆滿時，應當將這些移交給新任書記；或在任期之內，若是堂主任或長老有所要求，就當將這些交還給教會。教會紀錄在符合地方法律隱私權範圍內，可供上級組織查閱。（見本書第95頁）

## 第8節　教會司庫

由於司庫對教會特別重要，最好揀選一位能連任多屆的司庫，讓他／她可以不間斷地專責財務紀錄的保管和報告的工作；而較大的教會可以選舉一位助理司庫。

司庫可以多作鼓勵，使教友們在克盡本分、忠心繳納十分之一之餘，也發揚慷慨的精神。一句本乎主的精神所講的勸勉就可以幫助弟兄姊妹，將屬於上帝的十分之一和捐款忠心獻上，甚至在經濟拮据之時也如此行。

**8-1 司庫保管教會一切款項**——教會司庫是所有教會款項的保管人。這些款項包括：一、區會款項；二、當地教會款項；三、屬於當地教會附屬機構的款項。

司庫當用教會的名義在銀行開立一個支票帳戶，來存放一切教會的款項（區會、當地教會及其附屬機構的），除非當地區會授權批准另一種存款方式。

教會堂董會可以在開會表決後，開設一個儲蓄帳戶存放剩餘的款項。要是有大筆存款要為建築或特別計畫之用時，教會堂董會可以授權司庫另外開立一個銀行帳戶。這些帳戶都應由司庫管理，並要連同其他教會款項的資料向教會報告。

所有的教會帳戶都是獨立的銀行帳戶，切不可和任何私人帳戶或款項混合。

**8-2 移交區會的款項**——區會的款項包括十分之一、一切例常的佈道款項和區會特別計畫或機構的款項，這些都屬於信託款項。教會司庫應在每個月月底，或按區會所提出的要求，將當月所收到的款項，全部匯交給區會司庫。當地教會不得以任何的理由支借、挪用或扣留區會的款項。

**8-3 安息日學的款項**——安息日學書記兼司庫每週都應當把安息日學所收的一切佈道捐款交給教會司庫。教會司庫應將這一切捐款詳細記錄，按上述段落所載，將這些款項匯交給區會。至於安息日學的費用捐，則當每週交給教會司庫保管，而根據安息日學職員會的指示去支付安息日學的經常費用（見本書160-162頁）。

**8-4 當地教會款項**──此種款項包括堂費捐、教堂建堂和修繕基金，以及賙濟捐等。這些款項屬於當地教會，只能經教會堂董會或事務會議授權後，才可由教會司庫支付。但是司庫可經教會堂董會授權，從教會堂費款項內支付各項帳單。

**8-5 其他附屬機構的款項**──附屬機構的資金包括教會外展項目、家庭生活、復臨青年事工、復臨信徒社區服務或多加會等項目或事工的資金、安息日學的費用、健康事工資金中屬於教會的一部分，也可能包括教會學校的資金。所有經這些機構收集、或為這些機構收集的款項應由機構祕書、執事或其他收集款項的人及時上繳予教會司庫。這些資金歸教會的附屬機構所有。其發放必須是應歸屬的附屬機構之要求方可進行。

司庫應為所接收的一切款項開立收據。附屬機構的祕書也應在收到司庫發放的錢款後向司庫開立合宜收據。

**8-6 保障款項的正當用途**──當所收的捐款是為全球佈道、一般用途或地方性的工作計畫，所有投入捐袋裡的金錢，都應被視為個別捐款的一部分（除非奉獻人特別註明作其他用途）。個人為某一特定目的捐給教會的款項，其款項就必須專款專用。不論是教會司庫或教會堂董會，都無權挪移任何為既定目的而設的款項。

當初教會的某部門需要發展聖工，便設立了各附屬機構，

於是附屬機構的大部份款項都是為這些特殊目的捐獻得來的。這些款項應由教會司庫代為保管，絕不可被司庫或堂董會借用或以任何方式挪用。

當某一附屬機構結束時，教會可在定期的堂董會議中表決指示如何處理這機構帳戶中的剩餘款項。

**8-7 個人訂購文字書刊的款項**——若一地區沒有時兆文字中心，任何人若要訂購書籍、雜誌、單張或期刊等，可將款項交由教會司庫管理。（見本書第9章註釋7，285頁）

**8-8 教友捐款的正確方式**——司庫應當勉勵教友，除了聚會時的例常性捐款之外，各種奉獻都要裝在十分之一和其他捐款的信封袋裡。要教導每位教友按照信封袋上所印的項目列明各種捐款和數目，同時應當確定袋裡的款項與外面所列的總數相符。教友確認後便簽名並寫上地址，把信封袋放在捐款袋中或親自交給司庫。司庫應當簽發收據，並將該捐款的信封袋保存作為憑據，留待區會查帳員查核。

教友若是用支票或匯票繳納十分之一與捐款，他應當在票面上寫明支付給教會，而不是給個人。

**8-9 向教友開具收據**——不論從教友收到的款項數額多少，司庫都應及時向教友開具收據。司庫應謹慎記錄所有的收據和支出。所有沒有放進奉獻信封的一般捐款都應由司庫在另

一個職員（最好是執事或女執事）面前點算清楚，然後司庫向該職員開具收據。

**8-10 匯款給區會的正確方式**——寄送款項給區會司庫時，所有支票、銀行匯票或匯款單應合法地寫明是付給機構而非任何個人。匯款時應附上該時期司庫的紀錄副本。而區會應提供匯款單格式。（見本書222-223頁）

**8-11 保存單據**——一切付出的款項都應取得發票或收據為憑，配合當地區會所授權的保存方式。

**8-12 帳冊應受查核**——所有的財務紀錄每年應由區會司庫，或由區會執委會特派人員負責查核。

教會司庫的帳冊，以及其他與教會司庫、教會學校司庫或其他附屬機構司庫之工作有關的財務紀錄，可隨時由區會查帳員、堂主任、區主任、首席長老或其他由堂董會授權的人員予以審查，但不得在未經授權下透露給其他人（見本書229頁）。

教會召開例常的堂董會時，司庫當做出一切收支款項的報告，並應將這些報告的副本提供給每一位擔任領袖的教會職員。

司庫在報告繳納十分之一的人數時，除了那些身為家庭中主要經濟收入來源之人外，配偶和未成年子女雖非收入來源者，但若同為教友，也應把他們歸入繳納十分之一的人數內。

**8-13 為教友財務狀況保密**——司庫應當時刻記住要對每位教友的關係謹慎保密。絕不可以向任何人提及某教友繳納了多少十分之一、教友的收入或任何相關事宜（與司庫共同負責處理這項工作的人除外）。若不留心遵行這條規定，可能引致嚴重的傷害。

## 第9節　慕道友協調人

教會若從對外佈道工作而獲得許多慕道友，為了使慕道友及時得到照顧，教會應該在選舉教會職員時，選出一位慕道友協調人。此人是教會堂董會和個人佈道部職員會的一員，他／她直接與堂主任和個人佈道部職員會主席同工。

協調人的任務如下：

❶ 保留一份有系統的慕道友名單。

❷ 協助堂主任和個人佈道部職員會主席去召集合資格的信徒，從事後續跟進的工作。

❸ 每月向教職員會提出一份報告，其中列出新增之慕道友及其後跟進的人數。當一位慕道友已充分成長時，應該把他／她的情況告知堂主任。

## 第10節　教會部門及其他組織

在聖靈指引之下，教會架構對教友的成長和教會使命的達

成是很重要的。它是傳道肢體的骨架。「全身都靠他聯絡得合式，百節各按各職，照著各體的功用彼此相助，便叫身體漸漸增長，在愛中建立自己。」（弗4:16）

地方教會架構和組織中最重要的元素就是教會職員（見本書123-143頁）、教會各部門及其附屬組織。本節著重敘述他們的目標、領導和功能。

教會各部門及附屬組織與堂主任的工作關係密切，因兩者都同步參與教會的計畫。堂主任擔任一切附屬組織職員會的顧問，而各部門要協助教會進行全面的計畫。堂主任在緊急需要時，可以召開教會任何組織或職員會的會議。

每個地方教會應該充分利用各部門和附屬組織來培育教友，還要完成基督託付給教會的使命（見太28:19; 啟10:11;14:6）。

## 第11節　復臨得時／特殊需要事工

復臨得時／特殊需要事工倡議的成立是為了擴展耶穌慈悲和包容的事工，旨在激勵、裝備和動員那些有特殊需求的人士和聽障人士。此事工的對象包括在聽力、視力、身體行動，以及在心理／社會的發展上有障礙的人士。此外，它還包括孤兒和弱勢孩童、鰥夫和寡婦以及照顧者。目標是透過得時事工尋訪有特殊需求者和聽障者，並促進對他們的理解。

所有人都在追求生命的圓滿。人人都有恩賜，也是被需要

和珍惜的。所有人都是按神的形像被造的，具有固有的尊嚴，不論他們本身可能有何種限制。這個全球性的倡議包括針對有特殊需求和聽障者的事工，並尋求與他們同工的機會。儘管可能存在一些不利條件，但更大的重心乃是置於他們的潛能方面。教會的這一教育使命有策略性地聚焦在三個主要價值：對需求的「認知」；對於聽障者或有特殊需求之個體的「接納」；以及制定具體「行動」計畫以提供服務。提供這些個體在生活和事工中找到人生目標和成就的機會。

懷愛倫下列的聲明強調了這項工作的重要性：「我看見，寡婦、孤兒、瞎眼的、聾啞的、跛腳的，以及在各種方式受苦的人，是在上帝的安排下與祂的教會建立了親密的基督徒關係；這是為了證明他們是祂的子民，並發展他們真實的品格。上帝的天使正在觀察我們如何對待這些需要我們同情、愛心和無私施捨的人。這是上帝對我們品格的試驗。」——《教會證言》卷三，511頁。

**11-1 聽障者的獨特文化**——聽障者在國際上被公認為擁有他們自己的社會信仰、行為、藝術、歷史、文學傳統、價值和語言，就像其他文化一樣。儘管他們通常被視為具有「特殊需求」，但教會需認識到他們的聾更多時候是被視為一種文化特徵而不是一種失能。

**11-2 復臨得時／特殊需要事工領導人**——建議堂董會指派

一位當地得時事工的領導人。儘管這位領袖最好能擁有與得時事工直接相關的經驗或教育，但這並非強制性的要求。最好的作法是從他們本身代表的團體中選擇這項事工的領導。在與其他領導者合作的同時，重要的是由這個團體自己進行計畫。這樣他們才能按照復臨教會的使命宣言，來服事上帝和社區。領袖必須具有同理心，以一種賦權和參與的方式服務是至關重要的。

**11-3 復臨得時／特殊需要事工委員會**——教會堂董會應該成立一個得時事工委員會，以鼓勵具有特殊需求的教友，並學習如何與他們有效溝通。該委員會應該創建見證計畫，建議如何使教會設施更具便利性，幫助解決交通問題，並建議可以讓這項事工的功能帶來意義和成就之方法。該委員會由得時事工的負責人擔任主席。如果牧師不擔任主席應列席參與。

**11-4 資源**——關於得時／特殊需要事工的資源，請參閱本章註釋9，287頁。

## 第12節　兒童事工部

兒童事工部扶助從出生到14歲的兒童建立信仰，引導他們與教會合一。它試圖提供多種聖工來引導兒童歸向耶穌及每日與祂同行。同時，它與安息日學部及其他部門合作，給予兒童們完整的宗教教育，並推展很多以恩典為中心的聖工；這聖工都是全面、以事奉為主、培育領導力、安全及有佈道性質的。

「童年所受的教育，其重要性是無可比擬的。孩童在1至7歲的年齡中所學習的教訓，對於他品格的形成，要比以後在他終身的年日中所學的更為相關。」（《兒童教育指南》原文第193頁）

「兒童最容易受福音的影響，古往今來無不如此。他們的心易受上帝的感化，能牢記所領受的教訓。兒童也能作基督徒，而隨著他們年齡的大小有不同的經驗。他們在屬靈的事上需要受教；所以作父母的，應當給他們各樣的機會，使他們可以照著基督品德的模範來造就自己的品格。」（《歷代願望》原文第515頁）

「8歲、10歲或12歲的兒童，已達適齡可以談論個人宗教的主題。不要告訴你的孩子，要等到將來他們夠大才可以悔改並相信真理。如果教導得當，很小的孩子對他們是罪人，以及藉由基督得救的道理，也可以有正確的觀點。」（《教會證言》卷一，原文第400頁）

「耶穌吩咐門徒不要禁止小孩子到祂那裡去，這話是對各世代的信徒說的，——是對教會的職員、傳道人、牧師、執事和一切基督徒說的。耶穌正在吸引小孩子們歸向祂。祂吩咐我們說：『讓他們來』；這好像是說，倘若你們不攔阻他們，他們是會來的。」（《歷代願望》原文第517頁）

**12-1 兒童事工部協調人及委員會**——兒童事工協調人由

教會選出，以培養兒童的信仰，讓他們與耶穌有親愛與服事的關係。協調人應有領導能力和經驗，並且對兒童事工有熱情。

兒童事工部協調人與堂主任及教會堂董會一起工作去成立兒童事工部委員會，讓教會的兒童事工得以發展。委員會應該由對兒童事工有興趣和有專業知識的人士來組成。委員會成員通常包括安息日學部主理、假期聖經學校領袖、少年團團長，以及其他二、三位熱心於兒童事工的人士。

如果教會有兒童事工部、假期聖經學校、安息日學（兒童部）、鄰舍研經會（Neighborhood Bible Clubs）及故事時間（Story Hours），那麼它們都應納入兒童事工部之下。

凡加入兒童事工的教友均必須符合教會和當地法律的要求；如：背景審查或身分證明。教會領袖應該諮詢區會，確認並了解可行的審查和驗證方法（見本書第9章註釋8，286頁）。

**12-2 資源**——兒童事工部的資源可見本章註釋10，287頁。

## 第13節　傳播部

傳播部必須獲得每一教會職員、平信徒及本會機構的支持。傳播部提倡利用完整的公共關係計畫以及一切現代公共傳播的技術，可持續使用的科技及媒體，來傳揚永遠的福音。因此，每一教會都需要選舉一位傳播部書記，在需要時亦可成立一個傳播委員會。

「我們必須採用每一種正當的方法，把亮光帶到世人的面前。讓我們利用新聞和廣告的媒介，引起人們對聖工的注意。」（《教會證言》卷六，原文第149頁）

「要想出一些能夠深入人心的方法。在這聖工中所採用的某些方法，將與過去所用的不同。」（《佈道倫》原文第149頁）

**13-1 傳播部書記**——公共傳播部書記應善於與人交往，並能夠完全代表教會。他／她應具備良好的判斷力、組織力及書寫能力，並樂意推行所分配的任務。

傳播部書記需負責收集並分發新聞給當地媒體平台，並與區會傳播部幹事合作，定期在教會事務會議中報告。區會傳播部幹事應向他／她提供適當的指導和協助。

堂主任主要負責教會的傳播工作，並要以顧問的身分跟傳播部書記及委員會緊密合作。

任何部門及組織都可以個別向傳播部書記或委員會提供有新聞價值的資訊。

**13-2 傳播委員會**——在大型的教會中，傳播委員會可以處理更多屬於公共關係和傳播方面的工作。教會負責選出其委員，而此委員會也由傳播部書記擔任主席。委員會可以分別指派每一委員去負責公共傳播的工作；例如與新聞媒體、媒體製

作人、網路人員和教會內部的媒體一同合作。如果在某地區附近有一個教會機構，委員可以邀請其機構同工來教會共商事工。

**13-3 聯合傳播委員會**——如果某地區有幾所教會籌組一個聯合傳播委員會，每一教會的傳播部書記都要成為該委員會的委員；他們應當同心合力地推行所有一般性的計畫，使他們更能夠彼此配合，共同處理新聞和其他媒體工作來發布來自該聯合教會的消息。區會傳播部幹事應要發動教會傳播委員會的成立工作。此委員會應當推選一位主席來負責召開和主持會議。

## 第14節　教育部

教會開辦從幼兒園乃至大學的各級學校，其目的是要把它本身的理想、信仰、態度、價值觀、慣例等傳授給學生。本會教育的根源、方法與目的乃是要讓學生真正認識上帝，在學習與服務中與祂交往，視祂為友伴，並在品格發展上效學祂。

**14-1 教育部書記**——每一教會應選出一位教育部書記來提倡和促進對基督化教育的支持。教育部書記是家庭與學校協會執行委員會的成員，並要與協會通力合作。

**14-2 家庭與學校協會**——教會若是有附屬學校，就應成立家庭與學校協會。其目的是要提供為人父母的教育，而且也希望家庭、學校和教會彼此聯合，盡力為兒童提供基督化教育。應鼓勵學生家長、學校贊助者和教友積極參與協會活動。

家庭學校協會的成員應包括會長、副會長、書記兼司庫、圖書館職員及教育部書記（見本會第十章註釋，293頁）。有些職員最好能在下個任期能被選連任，以保持職務的連貫性。

家庭與學校協會的會長應當在教養孩子的事上有成功的經驗。他／她必須是思想開明，並深信基督化教育的重要性。

書記兼司庫必須保留協會的一切紀錄，並在年初及年終把報告呈交區會教育部幹事。協會的款項應要通過教會／學校司庫，開立專戶儲存，並要配合教會規定接受查帳。

學校校長乃是家庭教育協會的當然成員。

**14-3 教會學校董事會**（簡稱校董會）——若教會有開辦小學或中學，則由教會進行校董會選舉，或由教會堂董會指派學校委員會來管理學校的行政。因此，這個行政團體可以是一個單獨的校董會、教會堂董會或是由教會堂董會（為此）選派的一個學校委員會。分會的工作規章已經解釋學校校董會的功能。

教會遴選校董會董事時，應以熱忱獻身、相信和忠於基督化教育原理、精明機警、有辦學經驗，並有經濟眼光與辦事才能為標準。他們應當相信及願意遵行本會的教育方針與建議。

若學校是由兩個或以上的教會聯合開辦的話，學校的行政團體則應為聯合校董會。

教會堂董會成員應當議決選出一位或以上的校董會成員，讓校董會可以與教會堂董會有密切的聯繫。

教會堂主任也應當是校董會的成員之一。如果學校是由一個以上的教會合辦，各相關教會的堂主任通常都是校董會的成員。

在初中或小學，校長或主要教員也應列為校董之一。

有些校董可以是學生的家長。由於家長有密切的觀察力和經驗，他們所提出的見解和指導往往可使校董會得益。

校董會成員必須有一名主席和一名書記。如果學校只由一間教會開辦，教會便可以議決選出一位主席。

倘若聯合校董會是由兩個或多個教會組織而成，則應該遴選一位司庫、一位副主席及一位副書記。聯合校董會遴選其職位後，全體成員再於第一次會議中遴選主席。如果教會之間不能達成協議的話，則由區會教育部委員會或區會執行委員會委派主席。學校校長通常被指定為校董會的書記。

倘若聯合校董會想在經濟方面支持教會，必須提交給相應的教會堂董會批准。

如果要設立一個獨立的校董會，可以採用以下兩種方式來設定選舉時間及其任期：一、全體董事可在年底或學年結束時

改選，任期一年；二、第一屆校董會的董事被選出後，任期可以分別為一年、二年或三年；之後每年改選一名董事，任期三年。這種辦法的原意是希望在校董會中，以一些富有經驗的董事作為核心人物，從而貫徹延續以往的方針。如果有校董會成員中途離職，新上任的成員便要完成餘下的任期。

校董會或學校委員會於每一學年期間至少要在每月召開會議一次，並應有固定的時間和地點。

校董會主席可以召集和主持會議，並留意議案之執行。他／她也要在書記所發出之一切支款單上簽核。主席同時是初中及小學監察委員會的當然委員之一。這個委員會負責視察和評鑑中小學及其工作。

書記應將每次的會議事項留下永久的記錄，並要簽發支款單來清付各項帳單或欠款，還要為校董會處理信函。

如果一個教會獨立經營一間學校，教會司庫或副司庫通常會負責校董會的財務工作；由他收取學費及其他款項，並付清由書記所簽發、經主席會簽的款項。司庫應該小心保留各項帳款單據，並在每月會議時，將一份詳盡的報告呈交校董會。如果該校是聯合校董會，則要委派一位司庫去執行此項工作。

## 第15節　家庭事工部

家庭事工部的目標是要強化婚姻和家庭。家庭是上帝神聖

創造時所設立的,並以婚姻為核心。

家庭,作為一個學習價值觀並發展與上帝及他人親密關係的主要環境,其健康對教會的門徒培訓使命非常重要。

家庭事工部承認聖經有關家庭的教導,並高舉其理想的家庭生活。同時,它使我們從墮落世界中了解個人和家庭所經歷到的支離破碎。該部門促進在家庭和上帝家庭中的理解、團結和愛。它促進了在〈瑪拉基書〉4章5至6節,並以利亞信息中所應許的世代之間的和解,並為那些因虐待、家庭失能和破碎關係而受傷的人提供希望和支持。家庭事工部透過家庭生活的教育及豐富化,使家庭人際關係得到成長的機會。它鼓勵個人、已婚夫婦和家人在必要時可以尋求專業意見。

家庭事工在地方教會的工作包括婚前輔導、鞏固婚姻課程及親職教育。它也關顧單親及繼親家庭的特別需要,並向各人進行雙方家庭佈道的指導。

「我們為基督作工當從自己的家人,自己的家庭入手。……沒有任何傳道地區較此更重要的了……有許多人竟可恥地忽略了家中的工作園地,而今已是必須提出神聖的策略與補救的方法,以糾正這種不良情形的時候了。」(《復臨信徒家庭》原文第35頁)

「上帝計畫使地上的家庭作為天上家庭的象徵。遵照上帝

計畫所設立並管理的基督化家庭，便是祂培養基督化品德並推進祂聖工最有效的媒介之一。」（《教會證言》卷六，原文第430頁）

「家庭的使命超越了其自身成員。……一個真實的家庭對人類心靈和生活的影響遠比任何講道都要強大。」（《服務真詮》原文第352頁）

**15-1 家庭事工部主任**——個人或已婚夫婦（見本書253-256頁，關於教會對婚姻的定義）皆可被選為家庭事工部主任。領導人應該以身作則，示範堅固及成熟的家庭關係，並展示真誠的態度以促進所有家庭的幸福。為了達到效果，家庭事工部幹事必須要了解上帝的救贖計畫，來處理家庭因罪所帶來的破碎關係。他／她同時必須恰當地為受助對象保密，並要知道何時及如何鼓勵個人在關鍵情況下尋求專業輔導。

**15-2 家庭事工部委員會**——教會堂董會可以設立家庭事工部委員會，由家庭事工部主任來主持。

**15-3 資源**——家庭事工部的資源詳見第九章註釋11，287頁。

## 第16節　健康事工部

教會接受了使世人認識耶穌的重任，並深信這項重任也包括一項道德上的義務，要使人在靈、智、體各方面都有最理想的健康狀態，以保持人的尊嚴。

教會除了牧養病人之外，也有責任藉著有效的健康教育及領導向人提倡完全的健康，預防疾病的發生及戒除菸、酒、毒品和不潔的食物。如果可以，應鼓勵教友遵行素食。

**16-1 健康事工部主任**——為了計畫在教會中推行有效的健康推廣工作，教會需要選舉一位健康事工部主任。該主任應熟悉健康教育工作，且有興趣藉著教會主辦的健康推廣活動，在教友和社群面前提倡本會的健康生活標準。主任應能從各種計畫和資訊中挑選一些能代表本會觀念與理論的項目，然後將之集合，有效地作為靈性和身體方面的見證。

**16-2 健康事工部職員會**——倘若可以的話，教會應選出一個健康事工部職員會。此職員會的作用乃是讓教友及社區參與可行的健康、節制和靈性計畫，從而彼此合作去協助推展救靈活動，使他們在健康生活方面作獻身的領導。健康事工部職員會應與個人佈道部合作，領導和編排健康事工活動的時間表，包括戒菸班、烹飪班、健康班、壓力管理班和其他促進身心健康的課程。如果堂主任不是該職員會的主席，也應該是此會的當然委員。

**16-3 健康事工社或節制社**——教會可以在某些地區成立獨立的健康事工社或節制社，是與教會機構有別的。區會幹事應參與成立此等機構。

**16-4 全球健康事工部安息日捐**——此項捐款應全部送交區會，然後依照規章分配給全球總會、聯合會及區會。如當地教會向區會請求時，其所收的這項捐款可提撥最高25%來作為健康事工的經費。

**16-5 資源**——健康事工部的資源詳見本書第九章註釋12，287頁。

## 第17節　音樂部

**17-1 揀選音樂協調人**——教會揀選音樂領導人的時候應當十分審慎。唯有被公認為完全獻身的人，才能夠擔任這一方面的工作，為教會所有的聚會和團契提供合宜的音樂。帶有世俗或性質不明的音樂則不可於我們的聚會使用。

音樂領導人應當與傳道人或教會長老共同合作，使音樂的選擇能配合講道的主題。他／她須接受堂主任或長老的指導，不可獨斷獨行。他／她在安排音樂和揀選人才獻上音樂的事上，也應當與堂主任或長老商量。

**17-2 揀選音樂人才**——聖樂乃是公眾崇拜的重要部分。教會須審慎選擇能夠正當表達教會原則的人，作為聖詩班成員或獻上音樂的人。他們應當是教會的教友、安息日學學員或復臨青年團團員。因為他們在教會容易受人矚目，所以他們在個人儀容和服裝上都應當樸素和端莊。教會可以自行決定

詩班衣袍的樣式。

教會可以擁有多隊的詩班。兒童詩班可以作為靈性培育的方式，把教會家庭和教會拓展工作密切結合。

## 第18節　公共事務及宗教自由部

公共事務及宗教自由部 (The Public Affairs and Religious Liberty，簡稱PARL) 推動及維護宗教自由，特別把重點放在良心的自由上。宗教自由包括有人權去選擇宗教，根據良心去改變宗教信仰，個別地表露信仰或在社區中與信徒一起敬拜，遵守儀式、見證及教導，條件是要尊重別人相同的權利。

**18-1 宗教自由部主任**——被揀選的宗教自由部主任要和堂主任和區會並聯合會的同一部門密切合作。他／她應該具有積極的靈性影響力，能夠與大眾會見，對公共事務有興趣，熟於書信聯絡，關切並要維護上帝子民的自由。

**18-2 宗教自由協會**——每間教會都被視為一個正式的宗教自由協會，而每一位教友都是協會的成員。堂主任或長老在各地方教會擔任本協會的主席。

**18-3 資源**——公共事務及宗教自由部的資源詳見本書第九章註釋13，288頁。

## 第19節　出版事工部

出版事工部要在出版事工職員會，以及當地區域合適的出版組織監督之下，協調和推動地方教會的文字佈道工作。它協助地方教會各部來推動、銷售和分送訂閱的雜誌及其他宣教印刷品。本部與堂主任及教會各部門同工，透過有系統的計畫讓教友參與來達成目標。

「有很多地方，聽不到牧師的宣講，只有我們的出版品，就是那充滿世人所需聖經真理的書籍、資料和小冊子，才能抵達那些地方。」（《文字佈道指南》原文第4頁）

出版事工部的使命主要是從事佈道工作及培育教友。懷愛倫師母鼓勵教友們「把我們的印刷品賣出去或送給別人」（同上，原文第91頁）。

**19-1 文字佈道士銷售印刷品**——「上帝從教友之間呼召作工的人成為文字佈道士，從而為主服務。」（同上，原文第20頁）

**19-2 教友分送印刷品**——「讓每一位信徒向這個世代把含有福音信息的小冊子、單張和書本廣傳。」（同上，原文第21頁）

**19-3 出版事工部協調人**——出版事工部協調人由教會選出，作為教會文字佈道活動的領導人。

**19-4 出版事工部職員會**——出版事工部職員會由教會堂董

會指派，並在它的指導之下工作，由出版事工部協調人擔任主席。堂主任、個人佈道部主席及書記為當然成員。教友應當關注並參與文字佈道。

**19-5 資源**──出版事工部的資源詳見本書註釋14，第288頁。

## 第20節　安息日學及個人佈道部

### 安息日學部

安息日學是本會主要的宗教教育系統，它有四個目的：研經、團契、社區拓展以及向世界宣教。全球總會的安息日學及個人佈道部發行《安息日學研經指引》（各級學課）給所有年齡層的人，並且依世界各分會的文化情境來設計安息日學課程，提供資源和培訓系統給安息日學的教員，也推動全球聖工的安息日學捐獻。

「安息日學是聖工很重要的部分，不只因為它提供上帝聖言的知識給年輕和年長的人，也因為它在他們心中喚起對神聖真理的愛慕，並且樂意自己去研讀；總之，是教導他們靠著神聖的教導去管理他們的生活。」（《安息日學訓言》原文第10、11頁）

「安息日學若辦的合適，就必成為上帝引領人認識真理的最大媒介。」（《安息日學訓言》原文第115頁）

**20-1 安息日學職員會之成員**──教會負責議決揀選安息日

學職員和職員會的成員。職員包括主理、副主理（一個或多個皆可）、書記、副書記（一個或多個皆可）和各部領導人（包括成人部主任、擴展部主任、兒童事工協調人和／或假期聖經學校主任及生利捐書記）。

安息日學職員、導師和學員應當與其他部門合作進行對外的佈道活動，並透過正規的安息日學學課研究班和其他活動（如決志日、堂主任研經班、社區來賓日、假期聖經學校及安息日學分班，包括鄰舍研經會和故事時間）來繼續推動安息日學的佈道。

安息日學職員會是管理安息日學的團體。它包括主理（即職員會主席）、副主理、書記（職員會會議書記）、副書記、各部領導人、生利捐書記、個人佈道部主任、兒童事工部協調人／假期聖經學校幹事、一位長老（由教會職員會或長老團選派）以及堂主任。

安息日學各部職員一經選出，主理即當召開部門會議，選派各部所需但不在安息日學職員會之內的其他職員，這可包括各部門主任所需要的助理、各部門的書記、音樂指導、司琴及招待員。

安息日學職員會除了選派上述職員外，也應為各部門及小組的需要安排每班的導師，並得到堂董會的同意。為了維護安息日學課程規劃的原則和教學素質，在選擇安息日學教員時務須極度慎重。當有成員在個別為兒童部挑選導師時，最好先與各部門主任協商。所有教員都應該是信德良好的教友。

安息日學職員會對整體安息日學的成功運作負有責任。職員會應視需要進行定期開會，並應該確保課程的教具教材（包括由全球總會所預備的《安息日學研經指引》）能夠適時和充分地供應。

**20-2 安息日學主理和其他職員**——安息日學主理是安息日學的領導人。新主理被選舉後就應該立刻進行計畫，使安息日學能夠順利而有效地進行。主理應當支持區會安息日學部的各種計畫，並當遵照安息日學職員會的決定來經營安息日學。教會可以揀選一或多個副主理。

安息日學書記應當於每季最後一個安息日按時完成季報表，然後於區會定下的截止日期或之前寄發給區會安息日學和個人佈道部幹事。書記應保留副本一份作為永久記錄，另外兩份副本交給主理和堂主任，並在事務會議中報告。

生利捐書記在安息日學分班提倡生利捐的計畫來支持佈道工作，並向所有教友報告其進度。

假期聖經學校主任藉著一年一次的假期聖經學校來組織、推動和開辦社區佈道。教會可以把這個重任交給兒童事工部協調人。

職員會可以在與各主任協商後指派一位安息日學的音樂指導。任何音樂必須以能夠榮耀上帝為原則。職員會挑選獻唱者或演奏者負責安息日學的其他節目時，也同樣要謹慎細選，並

必須以同樣的標準作為用人的準則（見本書244-245頁）。它可以指派司琴去負責各班的安息日學。

**20-3 安息日學分班領導人**——各分班領導由堂董會來選舉。如有必要，可以由安息日學職員會指派各分班助理。《安息日學手冊》詳述有關各分部資訊（從初學者到成人乃至關懷無法赴會之人的特別班）。此書可以向時兆文字中心或區會安息日學部取得。

**20-4 安息日學教員**——安息日學教員由安息日學職員會進行推選，並由教會堂董會批准。他們應該具備教學的才能，並願意研究提升教學能力的方法。他們應該在備課上勤奮，出席要規律並準時，並在《安息日學研經指引》（學課）的日常研讀中以身作則。

職員會為兒童和青少年挑選導師時，應當特別考慮導師是否有興趣教導某年齡層的學員，並且是否有能力應付他們的需要。凡加入成為兒童班導師的教友均須符合教會和當地法律的要求，例如：背景查證或身分證明。教會領袖應該諮詢區會來確認和了解其可行的查核和驗證方法（見本書第九章註釋8，286頁）。教會應當鼓勵導師參與區會安息日學部主辦的導師培訓課程。

安息日學應當有每週的教師會議。

「唯有那些以聖經的真理來鞏固自己心靈的人，才能在最後

的大鬥爭中站立得住。」（《善惡之爭》原文第593、594頁）因此，安息日學導師應盡可能鼓勵學員定期而有系統地研經。《安息日學研經指引》的設計是要鼓勵學員養成每日讀經的習慣。這個常規對維持全球教會的基督徒合一有很大貢獻。《安息日學研經指引》（學課）是由全球總會及／或分會出版，每位教友應當能按照自己年齡來選擇合適的學課；同樣地，每位導師都應當可以取得總會及／或分會為安息日學製作的學課輔助材料。

導師至少需要花30分鐘來教導安息日學。

**20-5 安息日學捐**──安息日學的一切捐款都應由書記準確地記錄，然後及早交與教會司庫。特別班的捐款也應該加在已收到的安息日學各項捐款之內。大多數的捐款都是作為安息日學的費用。除了費用捐之外，所有安息日學的捐獻都是用來支持所有宣教禾場的，應全數由教會司庫交與區會，再轉交全球總會。這些款項包括例常的每週安息日學捐、第十三安息捐、生利捐和生日感恩捐。教會應當按照其財務體制，分別為不同的款項列明其記錄。佈道的款項依照教會規章去分配。當地教會或區會不可扣留任何佈道款項。

安息日學費用捐和聖工佈道捐不能夠合併當作同一種捐款，及按照商定的公式或百分比分配。若教會採用分會許可的綜合奉獻計畫則可以視為合併奉獻。

**20-6 資源**——安息日學及個人佈道部的資源詳見本書第九章註釋15，288-289頁。

## 個人佈道部

個人佈道部（又稱「信徒佈道團」）提供多種資源並訓練教友，乃是讓傳道人及教會職員同心協力去宣揚基督的末世拯救福音。這個團體的目的是要徵召每位教友，為上帝作積極的救靈工作。

**20-7 個人佈道部職員會**——個人佈道部職員會指導當地教會的外展事工，並且在教會堂董會的指導下工作。職員會每個月至少要開會一次。個人佈道部職員會包括堂主任、長老、司庫、其他部門及堂會附屬機構的主席。它可以把特定的工作交給多位副委員會。所有副委員會需要向職員會報告事項。職員會和主任有責任去組織小型的事工團體。

**20-8 個人佈道部職員**——個人佈道部主任、助理（如有需要）和書記由教友選出。

個人佈道部主任帶領及培訓教友從事積極的佈道工作，並主持個人佈道部職員會。他／她每月都在教會外展（佈道）的安息日聚會及教會的事務會議向教友提出教會的佈道活動報告。個人佈道部助理負責協調聖經函授學校、聖經佈道、分發福音單張及印刷品、善工運動、小組事工、教友培訓和

其他救靈活動。

個人佈道部書記為各部門作為時兆文字中心（或時兆書室）的代表。他會與佈道部主任密切合作，發展當地教會的外展（佈道）工作。

**20-9 復臨人團契**——「復臨人」團契是個人佈道部的一個附屬小組。此小組包括平信徒佈道培訓、監獄佈道及社區服務。

**20-10 聖經學校協調人**——聖經學校的協調人負責組織及協調教會的聖經學校，以便在當地社區進行外展事工。他／她應該與教會堂主任、慕道友協調人及個人佈道部主任密切合作。

**20-11 復臨信徒社區服務部主任及多加會會長**——教會選出復臨信徒社區服務部主任或多加會的會長、副會長（若需要）以及祕書兼司庫。該組織收集、預備衣物、食物及其他物資以幫助有需要的人士，並與復臨人團契、執事、女執事及其他教會部門，在社區外展活動上密切合作。但是，復臨信徒社區服務部或多加會的工作不僅僅是提供物質援助。該組織也要著眼於了解社區的需要，然後根據具體需要做出相應的服務。服務可以包括教育研討會、社區發展、拜訪、輔導以及其他與社區相關的服務。

復臨信徒社區服務部的主任或多加會的會長乃是個人佈道

部職員會和堂董會的成員。如果教會有經營社區服務中心，那麼個人佈道部職員會就是其管理委員會。職員會要為該中心指派一個負責人，此人也是職員會和堂董會的成員。

**20-12 資源**——安息日學及個人佈道部的資源詳見本書第九章註釋15-16，288-289頁。

## 第21節　預言之靈著作部

聖經證明聖靈的其中一個恩賜是預言。這份恩賜乃是餘民教會的辨識標誌，我們相信它在懷愛倫的事工中得以彰顯。她的著作具有預言的權威，為教會提供安慰、引導、教導和糾正。它們還明確指出聖經是評估所有教導和經驗的標準（民12：6；代下20：20；摩3：7；珥2：28、29；徒2：14-21；提後3：16、17；來1：1-3；啟12：17；19：10；22：8、9）。

**預言之靈著作協調人**——教會選舉一名「預言之靈著作協調人」，負責與出版事工協調人合作，推廣預言之靈著作的重要性和正確的使用方式。

## 第22節　管家事工部

管家事工部鼓勵教友把一切獻給主來響應上帝的恩典。管家不僅要在經濟上奉獻，還要付出無限的關懷和善用身體、思想、時間、能力、屬靈恩賜、人際關係、影響力、語言能力、環境和物質。此部門協助教友與主作伴，讓他們善用上帝所給

予的恩賜和資源來完成祂的使命。

當主的靈掌管生命，「凡是心裡充滿基督之愛的人就必跟從那為我們成了貧窮、叫我們因祂的貧窮可以成為富足的主所留下的榜樣。他們估量自己從上帝所領受的錢財、光陰、影響力——這一切的恩賜只不過是推進福音工作的資源。」（《使徒行述》原文第71頁）

**22-1 管家事工部主任**——管家事工部主任應當實行基督徒管家的原則，也要了解教會屬靈和經濟方面的狀況。他／她要與區會管家事工部幹事、堂主任及教會堂董會合作，也作為管家事工部和教友之間的聯繫人。

**22-2 資源**——管家事工部的資源詳見本書第九章註釋17，289頁。

## 第23節　婦女事工部

婦女事工部要支持、鼓勵和邀請本會的婦女在每日的生活中都作耶穌基督的門徒，並作為祂的世界教會成員。

這個事工要培養婦女的靈命成長和更新；透過受造和救贖來肯定婦女難以估計的價值；裝備她們到教會服事；在教會問題上提出婦女的觀點；照顧婦女一生廣泛的需要，關心多種文化及多種民族的觀點；與教會其他專責部門聯絡與合作來促進婦女事工；建立婦女之間的友好關係來互相鼓舞和支持，彼此

交流創新的理念；鼓勵本會的婦女開發途徑去參與教會，並找到方法去鼓勵本會婦女使用自己的天賦，以便共同攜手完成教會的全球聖工。

**23-1 婦女事工部主任及委員會**——婦女事工部主任由教會選出，負責發展特別的事工去培育婦女，並裝備她們去服事。她擔任婦女事工委員會的主席，並倡導可擴大婦女對教會聖工之貢獻的構想和計畫。

主任協助堂董會把婦女的活動和計畫整合到教會的計畫中。她應讓教會知道婦女事工對教會生活的貢獻，並與區會婦女事工幹事聯絡，以取得有關的訓練和資料。

婦女事工部主任應該是敏銳、善於關懷的女性；對婦女事工有負擔；能有平衡的觀點代表婦女；又有能力鼓勵其他婦女，去培養她們的屬靈恩賜。她應該有能力與教會的婦女、堂主任和教會堂董會互相合作。

婦女事工部委員會旨在促進教會的婦女事工。委員會成員應該有對婦女的需要和事奉非常關心的教友，還包括具備各樣才幹和經驗的人士。

**23-2 資源**——婦女事工部的資源詳見本書第九章註釋18，290頁。

# 第24節　復臨青年事工部 (AYM)

教會的各種青年組織應與區會的青年事工部緊密合作。教會透過復臨青年事工 (Adventist Youth Ministries，以下簡稱AYM) 為青年服務。在AYM的指導下，青年應該與更廣的教會團體合作，共同致力於建立一個強大的青年事工，包括每個人的靈、智、體發展，基督教的社交互動，以及支持教會整體救靈計畫的積極見證計畫。教會透過AYM為青年人服務、與青年人合作。在尋求門徒的過程中，AYM的目標應該是帶領所有青年建立一種與基督的救贖關係，用祂的話語建立他們，使他們反映出基督的性格，培訓他們如何運用屬靈的恩賜來服事教會和社區，並差派他們以聖靈的能力去接觸社區。

**AYM使命**──引導青年人與耶穌基督建立救贖的關係、幫助他們接受成為主的門徒的號召。

**AYM格言**──基督的愛促使我們行動

**AYM目標**──在我們這一代完成向世界宣告基督復臨的信息。

本會青年事工項目的對象涵蓋了三大類別，分別是：兒少 (Junior Youth；冒險家：4-9歲及前鋒會：10-15歲)、青年 (Senior Youth；大使：16-21歲及成青：22-30歲)，以及公立學校學生 (Public Campus Students) 16-30歲以上。

上帝對摩西說：「我今日所吩咐你的話都要記在心上，也要殷勤教訓你的兒女。無論你坐在家裏，行在路上，躺下，起來，都要談論。也要繫在手上為記號，戴在額上為經文。又要寫在你房屋的門框上，並你的城門上。」（申6:6-9）

使徒保羅補充：「不可叫人小看你年輕，總要在言語、行為、愛心、信心、清潔上，都作信徒的榜樣。」（提前4:12）

「我們今天有一個青年人的大軍。如果得到恰當的指引和鼓勵，他們可以大有作為。我們希望他們蒙上帝的賜福。我們期望他們能在一個精心設計的計畫裡發揮作用幫助其他青年人。」（1893年1月29、30日，《全球總會章程》原文第24頁）

「青年獻心歸主之後，我們對於他們的責任還沒有止息。我們要使他們關心主的工作，使其明白主也盼望他們幫助做事，推進聖工。僅指出有多少工作需要做成，並勸勉青年人去盡其本分還是不夠的。應當教導他們如何為主做工。他們必須在領人歸向基督的最好方法上，受訓導、管教及操練。當教導他們試用溫柔謙遜的方法，去幫助其青年同伴。當將佈道工作的一部分，作有系統的分配，使他們都可參加一份，並予以教導和幫助。這樣，他們就可學習為上帝作工了。」（《傳道良助》原文第210頁）

「我們既有這樣一大隊的青年，若受到合適的訓練，予以

配備，則那被釘、復活，而又速將降臨之救主的信息，就能何等迅速地傳遍全世界啊！」(《告青年書》原文第196頁)

各教會都應該要有活躍的復臨青年事工部(AYM)，青年活動更不可與教會其他事工脫節。青年人除了參加青年組織外，更應當負起領袖的責任去參與整個教會工作。例如：年輕的長老和男女執事都可以跟富有經驗的教會職員合作。

「上帝為要使這工作的各部分可以向前推進，就號召強壯、熱心、勇敢和青年氣概的人。祂已揀選青年人來幫助推進祂的聖工。要用清楚的思想籌劃，用果敢的手段執行，有賴於生動而無殘缺的精力。青年男女被召，要將他們青年時期的精力獻給上帝，藉著他們所能運用的能力，靈敏的思想，活潑的行動，就可使上帝得榮耀，使同胞蒙救恩。」(《傳道良助》原文第67頁)

**24-1 復臨青年事工委員會**——復臨青年事工委員會是地方教會統籌下的一個傘狀組織，負責計畫青年事工的一切活動(見本書216-217頁)。復臨青年事工委員會包括下列被選任的職員：成青團團長、校園事工團團長／協調人、大使／少青事工團團長、前鋒會會長、冒險家／幼鋒會團長；另外再加上個人佈道部主任、安息日學青年班領袖、兒童事工部主任、健康事工部主任、中學校長、AYM指導及堂主任。其中成青團團長、大使／少青事工團團長以及校園事工團團長，乃是教會

堂董會的成員。

如果教會尚未建立明確的大使／少青事工或成青事工，或在此類事工確立之前，AYM委員會所負責規劃的青年事工需包括上述這兩個年齡層。

在世界某些地區沒有前鋒會或冒險家事工，或在此類事工確立之前，AYM委員會也將負責為此年齡層規劃合適的活動。

成青團團長可以擔任AYM委員會主席。委員會應根據需要開會，為成功的事工制定短期和長期目標和計畫（參見註釋19，290頁）。

**24-2 成青事工委員會**（Young Adults）——成青事工委員會負責地方教會成青（編註：按170頁三大類指約22至30歲以上的青年）之活動，並與AYM互助合作。

教會選任的成青事工職員包括團長、副團長、書記兼司庫及音樂部部長。這組人乃是成青事工委員會的核心成員，可指派其他職員負責重要活動。

**24-3 校園事工**——為加強教會青年事工，公共校園事工（PCM）應與復臨大學生事工（Adventist Ministry to College and University Students，簡稱AMiCUS）合作，為那些沒有在復臨教會大學或學院就讀的復臨教會學生（年齡16-30）提供願景和策略計畫，以進行

事工和支援。

**24-4 校園事工團長／協調人**——教會可以指派一位校園事工團長／協調人，與復臨青年事工委員會互助合作，並協商發展具特定目標的事工，以關懷那些在非復臨教會大學或學院就讀之學生的特殊需求。

**24-5 大使／少青事工**——大使／少青事工乃是專門為16-21歲青少年的需要而設立。這團契為此年齡層的青少年建立屬於自己的組織，促使他們在自己本地和全球積極參與教會事工。它的設立是為了加強教會年紀較長之青年事工。這事工給予他們挑戰，去體驗並分享與主的關係，幫助他們培養合乎復臨教會信仰的生活方式，為他們提供多樣化職業興趣之培訓，並為他們提供安全的環境來建立健康而永久的友誼。它要根據區會的規章，並在當地教會的復臨青年事工委員會的協調下進行活動。

**24-6 大使／少青事工委員會**——大使／少青事工委員會應在和復臨青年事工委員會（AYM）的合作下，進行該事工的活動與工作。

教會應選出的大使少青事工委員會職員為：團長、副團長、書記兼司庫、助理書記兼司庫，以及音樂部主任。由這組人員組成該事工委員會，並指派其他職員協助重要活動。

**24-7 前鋒會**——前鋒會是一個以教會為中心的組織，它為10-15歲的青少年提供了發揮其冒險與探究精神的途徑。前鋒會包括多種為其量身打造的活動，包括戶外生活、大自然探索、技藝／手工藝以及職業興趣探索。

**24-8 前鋒會委員會**——前鋒會會長和副會長由教會選出（見本書172-173頁及第十章註釋1，290-291頁），如果選出兩位副會長，則應選男女各一位。其中一位副會長可以兼任書記和司庫。

另外的前鋒會職員可包含技藝班和大自然研究班的導師，也成為小組的指導員（每一指導員負責管理6-8位會員）。

各教會可向區會青年事工部幹事索取資源。

凡參與少年事工的教友必須符合教會和當地法律的要求；如身分背景核實或證明。教會領袖應諮詢區會來確認和了解可行的核實和驗證方法。（見本書第九章註釋8，286頁）

**24-9 冒險家／幼鋒會**——冒險家（亦稱：幼年前鋒會）為6-9歲孩童及家長提供家庭和教會活動。它成立的目的是要激發兒童對世界的好奇心，還包括特定年齡層的活動，讓家長跟孩子一同參與休閒活動、從事簡單手工藝、欣賞上帝的創造及其他相關活動。所有活動都有靈性上的重點，讓成員能預備好以前鋒會會員身分來參與教會。

**24-10 冒險家／幼鋒會委員會**——教會負責選出團長和多名助理（見本書172頁，以及第十章註釋1，290-291頁）。其他的職員則由冒險家團的主要職員推選。

各教會可向區會青年部幹事索取資源。

凡加入幫助少年的教友均必須符合教會和當地法律的要求——如身分背景核實或證明。教會領袖應諮詢區會來確認和了解可行的核實和驗證方法。（見本書以及第九章註釋8，286頁）

**24-11 復臨青年事工部職員**——復臨青年事工部領導人／團長（部門包含五個組織）必須以身作則，顯出一個真基督徒的各樣美德，並在心中懷著救靈的負擔和充滿感染力的熱心。團長乃是教會堂董會成員。為了能夠引領、輔導和鼓勵青年人，讓他們一同工作，負起責任，幫助他們獲得經驗和成就感。他／她要研究教會中各青年的個人資料，並努力尋找合資格且願意參加復臨青年事工（AYM）的青年。

團長要與當地教會堂主任、指導和區會青年事工部幹事密切聯絡，從而獲得培訓的機會，也跟教會和區會一起帶領其事工建立合作的關係。

副團長／兩位副團長（如有需要）要在工作上協助團長，並在團長出缺時擔任代理復臨青年事工委員會的主席，並執行團長的一切責任。委員會也會決定分配某些職責給他／她。

書記兼司庫應做好團內一切的活動紀錄，並填寫每月報告呈交給區會青年部幹事。他／她也會鼓勵年輕人利用十分鐘個人佈道部時間 (ten-minute personal ministries period；編註：通常安排在安息日學時間後、崇拜聚會前) 來報告各人的見證。

副書記兼司庫 (如有需要) 應協助正書記兼司庫的工作。

**24-12 復臨青年事工部** (AYM) **指導**——復臨青年事工部指導可以是一位長老或是教會堂董會的其中一位職員。他／她要充分了解成立復臨青年事工的目的，認同青年人及青年人對教會的投入程度，並為青年人擔任具有價值的輔導員。指導的角色乃是復臨青年事工職員的導師，需定時出席其部門會議。

指導應該和區會青年事工部幹事熟識並保持聯絡，把職員調動和其他有關事務告訴幹事。他／她應與青年團職員參加區會主辦的訓練班，以配合青年傳道事工的發展。

為了讓其事工有連貫性，指導的任期可以連任多次。

凡加入協助孩童事工的教友均必須符合教會和當地法律的要求——如身分背景核實或證明。教會領袖應諮詢區會來確認和了解可行的核實和驗證方法。(見本書第九章註釋8，286頁)

**24-13 資源**——青年事工部的資源詳見本書第九章註釋20，290頁。

## 第25節 就任典禮

有按立證明的牧師都應當為所有新選出的當地教會職員主持就任典禮。如果沒有牧師，教會長老也可以主持其職員就任典禮。然而，男女執事和長老的就任儀式必須由牧師主持。如果教會為新選出的職員舉行就任典禮，便應當包括所有部門和其他組織的領袖。

第 **10** 章

選舉

ELECTIONS

選出熱愛禱告、勤懇認真、勝任工作的教會職員是一件非常重要的工作。本章將概述從提名委員會的委派，到替補年度空缺的整個選舉過程。

## 第1節　提名委員會和選舉過程

教會職員是通過經委派的提名委員會每年或每兩年選出的（見本書第123頁），在特殊情況下，經過與區會協商，任期可以延長一年。提名委員會將報告提交給教會，再由教會對提交名單進行表決。這個程序讓教會在選舉前謹慎考查每個人選，並且避免在現場提名過程中可能造成的競爭。

提名委員會應考察教會的需要、仔細評審各人選是否符合資格擔任該職務。這也是為何教會職員不應當場提名或由會眾投票提名的另一個原因。

教會可以根據自身需求決定是否最好成立一個常設提名委員會。因此教會可以指派這樣一個委員會全年運作，提名填補《教會規程》中確定的職缺或填補常規職位。

提名委員會的規模從小教會的5名成員到大教會的更多成員。應選擇的人數由每個教會自行決定，並應由堂董會研究。然後，將一份合適的建議提供給教會，以最少的時間在安息日崇拜時間中進行。

**1-1 會議的規定人數**——提名委員會人數由每個教會自行決

定，並且可以在選舉提名委員會的同時決定。(見本書第207-208頁)

**1-2 提名委員會的選派時間和方式**——教會應當在每年最後一季初選派提名委員會，該委員會至少應在每年最後一個安息日之前的三個星期提出報告，除非是教會有常設提名委員會的情況下，該委員會可全年運作。

堂主任或區主任應主持選舉的事項。堂主任或區主任不在時由長老代理。教會應先選派一個組織委員會，再由組織委員會負責選舉提名委員會。組織委員會的選舉有兩種方法：

❶ 即場採用口頭或書面的方式提名。若採用口頭提名的方式，每人只可提議一個人。本會不贊成由某個人或一小群人支配全體會眾。要努力保證組織委員會的公正代表性。要避免所有可能政治化的色彩。堂主任或區主任應擔任這個組織委員會的主席。如果堂主任或區主任尚未被指派為教會領袖，那麼堂董會應從組織委員會的成員中指定一人為組織委員會的主席。組織委員會的人數通常比堂董會的人數多五到七人。

❷ 教會授權堂董會，連同另外選出的五至七人，一起擔任組織委員會的功能 (參上一段)。如果採納這個方法，通常就由堂董會主席擔任組織委員會主席。

在有常設提名委員會的情況下，堂董會可以填補其成員中的任何職缺，或組織委員會可以選擇提名新的成員名單，供教

會在事務會議中選舉提名委員會。

**1-3 提名過程**——步驟如下：

❶ 教會根據上述兩種方法的其一來指派組織委員會。

❷ 組織委員會向教會建議提名委員會的成員，同時建議一個書記人選。應盡一切努力確保提名委員會的構成具有公正的代表性，代表各個年齡段和兩性，並將代表限制在同一個家庭的成員不超過兩人。

❸ 教會投票表決提名委員會和書記的人選。

❹ 堂主任或區主任擔任當然委員，並擔任提名委員會的主席。如果堂主任或區主任選擇不擔任主席，或者堂主任或區主任尚未被委任到這個教會服務，那麼組織委員會就要在提名委員會的人選中建議一位來擔任主席。

❺ 提名委員會開會擬定教會職員名單並向教會提交進行表決。

❻ 教會通過投票選舉未來一年（或幾年）的教會職員，他們會一直任職，直到他們辭職、被替換或新的選舉任期開始。

**1-4 提名委員的資格**——只有信德良好的教友可以擔任提名委員。他們要有良好的判斷力，時常以教會的福利和興旺為念。

**1-5 提名委員會的工作**——提名委員會被選出之後，其主席應在第一時間召集會議。提名委員會要在懇切禱告後起草一份教會職員候選人名單。候選人應是同一教會裡擁有良好信德的教友。這份職員名單可在安息日崇拜聚會時或在特別召開的教會事務會議中公佈。在揀選人員的過程中，提名委員會可徵詢其他熟悉情形之人的意見。提名委員會不就堂主任或助理堂主任的人選做出提名，因為他們是由區會任命的。

提名委員會可根據教會人數決定教會職員名單。大的教會可根據其需要有較多的職員，而小的教會可少些。除了安息日學教員的人選以外，提名委員會應提名所有教會領袖職位。而安息日學教員則由安息日學職員會推薦再交由堂董會通過。（見本書第十章註釋1，290-292頁）

**1-6 提名委員會徵詢未來職員**——在選出忠心堅定的教友擔任各職分後，除非區會特別批准之例外情況（見本書125-126頁，「長老職權僅限於當地教會」），提名委員會應委託幾位合適的委員分別將提名的決定告訴候選人並徵求各人的同意。

**1-7 教友可向提名委員會陳述意見**——對於想要向提名委員會提出建議或反對意見的教友，提名委員會應給予他們發言的機會。等他／她講完意見退出會議室後，提名委員會應就所聽到的意見加以討論，然後向全體會眾做報告。

**1-8 提名委員會的討論需保密**——提名委員會中的所有的查詢和討論都應保密。提名委員若向委員會之外的人士洩漏會議中討論的任何私人或敏感信息，就是違反了基督徒的倫理以及工作的金科玉律。單單違反這個原則就有足夠的理由不准此人參與未來的提名委員會工作。如果有必要在會議以外進行查詢的話，就應該由主席來做。

**1-9 向全體會眾報告**——提名委員會應該向全體會眾作報告，而不是向堂董會。堂董會在此過程中無權限。提名委員會可在安息日崇拜聚會時或在特別召集的教會事務會議中向會眾報告。

當提名委員會預備提出報告時，委員會的主席應向會眾說幾句合適的話。報告副本應發給會眾或請該委員會的書記大聲宣讀。主席應宣布全體教友在一週或兩週之後將就此報告進行表決。

每一位教友都應該參加職員的投票選舉。候選人要以在場投票教友的多數票當選。

**1-10 反對提名委員會的報告**——信徒可對提名委員會提交的報告表示反對，且應在報告二次誦讀之前透過主席或堂主任約定會面時間，親自向委員會表達自己的反對意見。或者，在報告二次誦讀時，成員可要求將整個報告不經討論、退回委員

會加以進一步考慮。主席通常要採用的程序就是接納這一要求。但是，如果這一要求變成了一個動議，該動議不容辯駁，須由多數票決定通過與否。

主席應當宣布委員會可聽取異議的時間和地點。屆時，提出反對意見的信徒或其他有意提出反對意見者都應當在委員會面前陳述。若選舉因反對而延後，提出異議者卻又未能出現在委員會面前將是一個嚴重的事件。

在對提出的異議進行合理考慮之後，委員會將行使判決權，決定是否對委員會向教會事務會議提交的建議進行修改。當報告再一次被提交時，教會將針對委員會的這一報告進行投票。

信徒不應該對任何候選人提出無足輕重或無根據的反對意見。但若有嚴肅的理由證明某提名應當被修改，這些理由應向提名委員會陳述。

**1-11 補缺**——如果因教會職員去世、遷居、辭職或其他原因造成職位空缺，堂董會可提名一位繼任者在該職位餘下的任期內填補空缺，並將提名交予全體教友表決通過。

## 第2節　選派代表出席區會代表大會

區會的行政權力來自區會的全體教友。區會所屬的各教會要選派代表出席區會的代表大會。區會的代表大會選舉區會職員、核發證書及證件（除非區會規章將此權力交予執行委員會行使）、

如有需要可修訂區會規章或章程，並處理其他各項事務。最重要的一項活動是選舉出在區會代表大會休會期間發揮決策功能的區會執行委員會。區會執行委員會已被賦予代表區會內各教會的權力。

**2-1 選舉代表**──上帝期望我們揀選出來的代表是可靠的、久經考驗的、「具有良好分析能力」的人，因為教會是要按照他們「所制訂的計畫來推進聖工」的。(參見《教會證言》卷九，原文第262頁)

每個教會出席區會代表大會的代表人數由區會章程決定。到了應該選派代表的時候，堂主任(或首席長老與堂主任合作)將此事向全體教友提出。教會可以委派一個委員會來提名代表，或委託堂董會來提名。不可讓任何勾心鬥角的事情進入提名工作。教會應選派公認虔誠忠心並且能夠參加大會的信徒來擔任代表。(見本書137頁)

當委員會或堂董會完成提名工作後，就當向全體教友作出報告。然後教會要就提名進行投票表決。任何教會職員都不可因為職位的緣故成為當然代表。在選舉完畢之後，教會書記填妥代表證明書交回給區會的祕書。這些被選出的人員就成了地方教會的代表，與其他教會的代表們合作處理交予代表大會進行表決的一切事務。

　　參加聯合會／聯合差會的代表大會代表們乃是由區會來選派，而不是地方教會。參加全球總會代表大會的代表們則由分會和聯合會／聯合差會來選派。

　　**2-2 代表的職責**——出席區會代表大會的代表們並不只是代表其所屬的教會或區會。他們應該看到聖工的整體性，並且牢記對本會在全球各地聖工之興旺所擔負的責任。不允許教會或區會的代表們結夥或試圖操縱集體投票。也不允許任何較大的教會或區會的代表們在大會上標榜優勢以左右議程。每一個代表都當順從聖靈的指導、按照個人的信念做出投票。任何試圖控制一群代表投票的教會或區會的職員或領袖將被視為不配擔任領袖職務之人。

　　**2-3 區會職員的責任**——地方教會的職權只限於自己的團體內部。地方教會與區會內的其他地方教會一起授權區會職員及執行委員會來負責處理區會代表大會休會期間的工作。區會職員是要向整個區會負責，而不是向任何地方教會負責。

　　**2-4 區會執行委員會**（簡稱「區會執委會」）——區會執委會的委員被選舉出來代表整個區會的工作，不是代表某一個地方教會、或某一教區、或某一機構。每位委員都應關心區會內各方面的事工，並且在懇切的禱告和謹慎的研究後方可作出決定。委員會所作的決定不可受某一教會、或某一群人，或某一個人的操縱或影響。

# 第 11 章

# 教會的各種聚會
# 和其他會議

## SERVICES AND OTHER MEETINGS

## 第1節　一般原則

使徒約翰寫道：「那真正拜父的，要用心靈和誠實拜祂，因為父要這樣的人拜祂。」(約4:23)

「上帝雖然不住人手所造的殿，但祂卻以祂的臨格尊榮祂子民的聚集。祂已應許當他們聚集來尋求祂，並承認自己的罪，彼此代求時，祂就必借祂的聖靈與他們同在。但是凡聚集來敬拜祂的人，必須放棄一切的惡事。他們若不用心靈和誠實與聖潔的榮美來敬拜祂，他們的聚集敬拜便是枉然的。主論到這等人說：『這百姓用嘴唇尊敬我，心卻遠離我；⋯⋯所以拜我也是枉然。』」(《先知與君王》原文第50頁)

**1-1 聚會的目的**——教會舉行的一切聚會是為了上帝的創造大工及祂救恩的益處而敬拜祂；為了明白祂的話語、祂的教導以及祂的旨意；為了在信心和愛心裡彼此相交；為了見證我們對基督在十字架上贖罪犧牲的信心；以及為了學習如何完成使萬民成為主之門徒的福音大使命(太28:19、20)。

**1-2 對上帝之殿的敬重**——「對於謙卑、有信心的人而言，上帝在地上的殿就是天國的門。頌讚的詩歌、祈禱，以及基督的代表們所發的言論，都是上帝所命定的媒介，為要預備一團隊民，進入天上的教會，作更崇高的敬拜；凡不潔淨的都不得參與。

「基督徒可從地上聖所具有的神聖性質中，學習應如何重視上帝與祂子民會晤的地方。……上帝親自命定崇祀的制度，並將之高舉，超乎一切屬世事物之上。

「住處乃是家庭的聖所，密室或林間則是個人敬拜的最幽靜之處；但教堂卻是公眾集會的聖所。對於時間、地點和敬拜的態度，都當有一定的規則。凡屬神聖的事物，或有關敬拜上帝的事物，絕無一樣可用漠不關心或冷淡的態度處置之。」

（《教會證言》卷五，原文第491頁）

**1-3 當教導兒童敬重**——「父母們啊，你們要在自己兒女的思想中提高基督教的標準；幫助他們將耶穌編織於他們的經驗之中；教導他們對上帝的殿有至高的敬意，並了解當他們進入主的殿時，他們的心應當為以下這些思想所制伏而軟化：『上帝在這裡；這是祂的殿。我必須有清潔的思想和最神聖的動機。我必須在心裡沒有驕傲、嫉妒、猜忌、惡念、仇恨或欺騙；因為我是來到聖潔的上帝面前。這是上帝與祂的子民相會並賜福予他們的地方。那位永遠長存的至高者和至聖者注視著我，鑑察我的心，洞悉我生活中最隱密的思想和行為。』」

（《教會證言》卷五，原文第494頁）

**1-4 在上帝的殿中要守禮並安靜**——「敬拜上帝的人進入聚會的地方時，他們應該舉止端莊，安靜地各自就座。……無論聚會前後，在崇拜之所中均不應閒談、耳語或嬉笑。凡來敬

拜的人，都當具有一種熱心而真誠敬虔的特性。

「假若有些人需要在開會之前等候幾分鐘，他們就應該以安靜的默想，來維持一種真敬虔的精神，藉著禱告使自己的心升達上帝之前，求祂使這次聚會特別有益於自己的心，也能使別人受感而悔改。他們須記得天上的使者也在殿中。……人們進入教堂時，若對上帝存有真正的恭敬，而且謹記自己是在上帝的面前，就必在肅靜中生出一種甘美的感化力。在平常辦事的地方，並不以私語談笑為罪；但在敬拜上帝的殿中，卻是不可取的。應當將心意預備妥當靜聽上帝的道，使這道生產相當的力量，可以恰如其分地感動內心。」（《教會證言》卷五，原文第492頁）

**1-5 殷勤接待**——「不可忘記用愛心接待客旅；因為曾有接待客旅的，不知不覺就接待了天使。」（來13：2）每一個教會都應該培養一種殷勤接待的精神，這是基督徒人生與經歷中的一個要素。冷漠而形式化的氣氛不但會消滅基督徒款待與交誼的熱誠，更會削弱一個教會的屬靈生命。教會應安排專人熱情地歡迎來賓，在崇拜聚會的過程中也應該向來賓致意。

## 第2節　音樂在聚會中的地位

**2-1 音樂的力量**——「音樂能成為一股為善的巨大力量，可惜我們常未使其在敬拜的這一部分竭盡所能。歌唱大都出於情感的衝動，或用以應付特殊的情形，並且因為有時那些歌唱

的人竟隨處唱錯，以致音樂在會眾的心中失去了正當的效力。音樂應當有美、有情、有力。當揚聲高唱讚美祈禱的詩歌。倘若可行，你們當配以樂器，使那雄壯和諧的歌聲，成為蒙悅納的祭物，升達上帝面前。」（《教會證言》卷四，原文第71頁）

**2-2 當以心靈和悟性歌唱**——「主的信使們在感化人的努力上，切不可隨從世俗的方法。在所舉行的聚會中，不可依靠世俗的歌唱家與戲劇化的表演來引起興趣。那班對上帝的道既不感興趣，也從不存著明白真理的心願讀經的人，又怎能期望他們用心靈和悟性歌唱呢？……這種徒有其表的音樂，天上的聖詩班又怎能加入呢？……不要常常只叫少數人唱，當儘可能常使全體會眾參加。」（《教會證言》卷九，原文第143、144頁）

## 第3節　講道台非論壇

教會不允許任何牧師、長老或其他人士利用講道台作論壇，來發表在教義或教會程序方面有爭議的論點。

**新的亮光需經檢驗**——那些認為得了與教會教導之觀點相悖新亮光的信徒，應向負責的領袖們徵求意見。

「數以千計經過化妝的試探，正在等待著那些已有真理之光的人；我們當中無論何人的唯一安全之道，就是對於一切新的道理、新的經文詮釋，若未先交富有經驗的弟兄們審定，就不該接受。應當懇切祈禱，並抱著謙卑受教的精神，將之放

在他們面前；如果他們看不出其中有何真光，就當順服他們的判斷；因為『謀士多，人便安居。』」（《教會證言》卷五，原文第293頁，另見徒15:1-32）

早期教會曾採取此一方法。當安提阿教會對某項重要問題發生分歧時，信徒們就派代表上耶路撒冷去，把這問題交給使徒和長老們解決。那次會議的決定使安提阿教會的信徒們欣然接受；這樣，教會中便保持了團結和弟兄之愛。

提出考驗亮光的建議並非是要打擊研究聖經的積極性，而是避免異端謬道滲入教會。上帝願意祂的子民忠心查考聖經以尋求亮光和真理，但不要他們被假道引入迷途。

「我們所能見到的，僅是神聖榮耀和無窮知識與智能的一點微光而已；我們似乎是只在礦床的表面挖掘，而豐富的金礦仍深深埋藏在地下，等著要酬勞那努力開采的人。礦井必須深而又深地往下鑽掘，結果就能獲得燦爛的寶藏。藉著正確的信心，神的知識就要成為人的知識了。」（《基督比喻實訓》原文第113頁）

「從上帝的話中，必經常有亮光彰顯給那些與公義的日頭有活潑聯繫的人。無論是誰也不可斷下結論，說不會再有真理啟示了。凡是殷勤以祈禱的態度去尋求真理的人，必會發現尚有可貴的光線自上帝的話中照射出來。許多分散的寶石尚待收聚成為上帝餘民的財產。」（《安息日學訓言》原文第34頁）

當新的亮光從神聖的經文中散發出光芒，來回報那些切心尋求真理的人時，並不會廢棄現有的道理。反之，它會與現有的道理融合，使之發揚光大、愈加熠熠生輝。因此，「義人的路好像黎明的光，越照越明，直到日午。」(箴4:18)

雖然上帝的兒女要隨時準備接受前進的亮光，但對於那些吸引他們偏離聖經基本要道的聲音，無論多麼虔誠及可信，也絕不可接受。

「我們不要接受那些人所傳與本會信仰特點有抵觸的信息。他們蒐集一大堆經文，來證明他們所倡導的理論。在過去五十年中，這樣的事曾一再出現。聖經是上帝的話，固然該受人尊重，但若被人應用，來挪移上帝在過去五十年中所維護之基礎上的一根支柱時，那就是大錯了。人對聖經如此應用，乃是不明白聖靈的奇妙作為，祂曾將能力和權柄，賜與那先前臨到上帝子民的信息。」(《給作者與編者的勉言》原文第32頁)

## 第4節　保持合一的重要性

我們保持「在真道上同歸於一」是很重要的 (弗4:13)；而我們時時追求「用和平彼此聯絡，竭力保守聖靈所賜合而為一的心」 (弗4:3) 也是同樣重要。這樣的合一有賴於謹慎行事並向教會領袖諮詢。

「上帝正領導一群人民從世界出來，登上上帝誡命與耶穌

真道之永恆真理的崇高講壇。祂要訓練並造就祂的子民。他們不是意見不合的：不是一個人相信一件事，而另一個人卻有完全不同的信仰和見解；也不是各人都在團體中獨立行動。祂藉著安置在教會中各種不同的恩賜及管理制度，要他們都在信仰上團結合一。如果一個人對於聖經真理持有自己的見解，卻不顧弟兄們的意見如何，只辯護自己的行動，堅稱自己有權相信自己特有的觀點，以後又勉強別人相信，這樣他怎能成全基督的祈禱呢？……

「我們在上帝面前，雖然都有個人的工作和責任，但我們不該隨從自己獨立的判斷，不顧弟兄們的意見和感受；因為這種行動足以使教會內引起混亂。傳道人的本分，是要尊重弟兄們的判斷；但他們彼此之間的關係，以及他們所教導的道理，都應當將其用訓誨和法度的標準來試驗；這樣，如果大家都存著受教的心，在我們當中就不會有分裂不和的事發生了。有些人素性喜好混亂，他們正在偏離真理偉大的基石；但上帝正在感動祂的傳道人，在教義和屬靈上合一。」(《給傳道人的證言》原文第29、30頁)

鑑於上述考量，教會應確保講道台成為宣講聖經神聖真理、講述本會為拓展上帝的聖工所作之各項計畫與策略的地方，而不是抒發個人觀點和意見的論壇。(見本書54，193-195頁)

**講者的授權**——只有值得信任的講者可以由當地教會牧師

邀請到講壇上，且必須與區會給出的方針相符（請參閱本書中「教會規程的專業術語」，第29-30頁）。當地的長老或堂董會也可以在與牧師協商並符合區會方針的情況下邀請講者。但是，已無教籍的個人，或正在受紀律處分的個人，不應該被允許登上講壇。

有時讓政府官員或公民領袖對教會會眾致詞是可以的；但除非經區會批准，否則其他任何人士都不得登上講道台。所有牧師、長老和區會會長都必須執行這項規定。（見本書55，193-195頁）

## 第5節　安息日學和崇拜聚會

**5-1 安息日學**——安息日學作為本會最重要的聚會之一，是信徒集體學習的時間。每逢安息日，本會信徒和數以千計的慕道友一同參加安息日學，有系統地研究上帝的道。教會鼓勵所有教友參加安息日學並且邀請朋友參加。

每個安息日學應努力提供適合各年齡層的課程。區會、聯合會和分會可以提供教材和資源。

安息日學應該推廣本地和世界各地的聖工計畫、聖工捐，並花時間進行研經的重要性（見本書第11章註釋1，293頁）。

**5-2 報告與部門事工提倡**——安息日學的報告以及部門事工提倡應考慮其內容長短及性質。如果這些報告與安息日學及教會工作無關，牧師與教會職員就當將其剔除，以維持適合崇

拜和安息日的恰當精神。

本會有許多教堂都會分派印有崇拜程序和當週各項報告的節目單。如此，口頭報告就可以減少或完全不需要。許多教會沒有印刷節目程序單，就應當在正式聚會開始之前先作報告（見本書第11章註釋2，293-294頁）。

教會各部門進行活動提倡應予以考量，但務要注意研究學課及證道所必需留出的時間。

**5-3 崇拜聚會**──在教會所有的聚會當中，安息日的崇拜聚會最為重要。信徒們每個星期聚集以讚美感恩的心敬拜上帝、聆聽祂的聖言、獲取能力和恩惠以應付人生中的各種爭戰，並且明白上帝要他們為救靈而服務的旨意。聚會當保持肅敬、簡明、守時。

**5-4 在技巧、研究和計畫上的要求**──「在主持崇拜聚會的事上投入一些技巧、研究及計畫，如何進行聚會使其在所有參加的人心中留下最良好的印象、使人獲得最大的益處──這豈不是你應盡的本分嗎？」（《評閱宣報》，1885年4月14日）

「我們的上帝是仁慈憐憫的父，所有敬拜祂的儀式，不應視為是令人心灰意冷的苦差事。敬拜祂，並在祂的聖工上有份，應當是一件樂事。……基督和祂的被釘，應當作為默想、交談以及最能令我們充滿喜樂之情的主題。……當我們表示

感恩之心時，我們便近似天上眾生的敬拜了。『凡以感謝獻上為祭的，便是榮耀』（詩50：23）上帝。但願我們懷著敬虔的喜樂，帶著『感謝和歌唱的聲音（賽51：3）』，到我們的創造主面前來。」（《喜樂的泉源》原文第103、104頁）

**5-5 聚會的形式**──安息日早上的聚會有兩個主要部分：會眾以詩歌、祈禱和奉獻，並以出自上帝話語的信息來對上帝進行讚美與敬拜（見本書第11章註釋3，295頁）。

公共崇拜聚會沒有規定的形式或程序。一個簡短的聚會程序，通常適合公共敬拜的真正精神。應當避免冗長的預備節目。開場項目絕不應占據大量宣講上帝聖言所需的時間（對於聚會形式的建議，見本書第11章註釋2，293-294頁）。

**5-6 教會外展**（佈道）**聚會**──每月的第一個安息日是教會佈道安息日。當天安息日的崇拜聚會應集中提倡信徒佈道並配合不同事工部門的計畫和活動。「上帝已將一種最神聖的工作，交託在我們的手中，因此我們需要聚集在一起，領受教導，使我們適於從事這種工作。」（《教會證言》卷六，原文第32頁；另見本書第11章註釋4，295-296頁）

**5-7 公眾的禱告**──「基督教導門徒禱告要精簡，只需要表達心中所想就夠了……平日只需要花一到兩分鐘禱告便可。」（《教會證言》卷二，原文第581頁）

「凡負責祈禱和演講的人，都當發音正確，並以清晰、明確而平穩的語調說出。禱告若合適地獻上，乃是一種為善的力量。這也是主所採用，將真理的寶藏傳達與人的方法之一。……上帝的子民應當學習如何演講及祈禱，如此才能正確地表達他們所擁有的偉大真理。所作的見證和所獻的禱告，都當清晰、明瞭。這樣上帝就必得到榮耀。」（《教會證言》卷六，原文第382頁）

**5-8 在安息日供應印刷品**——安息日是個人佈道部書記將印刷品發給信徒的好時機。但是要避免採取令信徒在敬拜時分散注意力和失去肅敬態度的方式，以免引起反感。

## 第6節　聖餐禮

聖餐禮通常每季舉行一次。這個儀式包括謙卑禮（洗腳禮）和領聖餐。對全體會眾、牧師、長老而言，這都應是一個最神聖、快樂的時刻。聖餐禮通常在崇拜聚會時舉行，但也可以安排其他時間。

**6-1 謙卑禮**（洗腳禮）——「耶穌洗了門徒的腳就說：『我給你們作了榜樣，叫你們照著我向你們所作的去作。』基督在這句話裡不只是教人善待客人，它的含意比洗去客人在旅行時腳上所沾的塵土有更多的意義，基督在此制定了一個宗教的聚會。藉由我們主所採取的行動……這個儀式便成為一個神聖的禮節。門徒們要遵行它，他們就會將祂謙卑與服務的教

訓銘記在心。

「這謙卑的禮，乃是基督定為參加聖餐的準備。我們心中若存有驕傲、紛爭和爭先的意念，就不能和基督相交。我們沒有準備好去領受祂的身體和祂的寶血。因此耶穌才指定要先遵守這紀念祂謙卑的禮。」(《歷代願望》原文第650頁)

基督在為門徒洗腳的舉動上，施行了一番更深入的潔淨，洗除了內心的罪跡。教友若先經歷這種使「全身就乾淨」的潔淨禮節 (約13：10)，那麼在領受神聖的象徵物時，就會產生自己不配的感覺了。耶穌期望洗去「他們心中的紛爭、嫉妒和驕傲。……驕傲和專顧自己的心，必造成糾紛和仇恨，但耶穌洗他們腳的時候，就將這一切都洗除了。……耶穌望著他們，就可以說：『你們是乾淨的。』」(《歷代願望》，原文第646頁)

洗腳禮中所含的屬靈意義使這本是普通生活的習俗提升為一個神聖的禮節。它先是由基督向信徒，然後是在信徒之間傳達了寬恕、接納、鞏固信心和團結一致的信息。這個信息是在一種謙卑的氣氛中表達出來。

**6-2 主的晚餐**——天使宣告耶穌是聖潔的救贖主，那麼，代表祂的身體和血之象徵物也是聖潔的。主既然親自選用未經發酵的餅和葡萄汁作為具有深遠意義的表徵，又用最簡單的方法來洗門徒的腳，我們就絕不應該採用其他代用的象徵和方法

（除非在緊急的情況下），不然這聖禮原有的重要性便喪失了。同樣的，在這儀式的次序中，以及牧師、長老和男女執事在執行聖餐禮的傳統任務時，要小心提防，勿讓代用品或其他革新的措施，使神聖的事物變得平常。

今日，聖餐聚會的神聖性仍與耶穌基督當年制定這儀式時無異。每逢舉行此一聖禮時，耶穌仍必臨格。「基督必在這些祂自己所指定的約會中與祂的子民相交，並由於祂的臨格加給他們力量。」（《歷代願望》原文第656頁）

**6-3 無酵餅和未發酵的酒**（葡萄汁）——「基督仍在那擺著逾越節晚餐的筵席上，逾越節用的無酵餅就在祂面前。沒有發過酵的逾越節的酒，也在桌子上擺著。基督用這些象徵物，來代表祂自己是毫無瑕疵的犧牲。任何被酵（罪和死的表號）所腐化的東西，都不足以代表那『無瑕疵、無玷污的羔羊』。（彼前1：19）」（《歷代願望》，原文第653頁）

無論那「杯」或餅，都不含任何發酵的成分，因為一切的酵和發過酵的食物，都已在希伯來逾越節第一日的晚上，從各人的家中除去（出12：15，19；13：7）。因此，只有未經過發酵的葡萄汁和無酵餅，才適用於聖餐聚會；所以在預備這些物品時，必須慎重處理。有許多偏僻地區可能不容易買到葡萄或葡萄汁，連濃縮汁也不易取得，所以區會在這方面應加以指導或協助。

**6-4 主耶穌被釘十字架的紀念**——「當我們領受那代表基督捨身流血的餅和杯時，我們就在想像中參加了那在樓房裡舉行的聖餐。我們也進入了那因背負世人罪孽的主所受的慘痛而成聖的客西馬尼園。我們也似乎看到了祂那使我們與上帝和好的掙扎。如此，基督釘十字架就活化在我們眼前了。」（《歷代願望》，原文第661頁）

**6-5 宣告復臨**——「聖餐禮是指向基督第二次的降臨。它的宗旨就是要把這個指望生動地銘刻在門徒心中。每逢他們聚在一起紀念祂的死，他們就重述祂怎樣『拿起杯來，祝謝了，遞給他們說：「你們都喝這個；因為這是我立約的血，為多人流出來，使罪得赦。但我告訴你們，從今以後，我不再喝這葡萄汁，直到我在我父的國裡同你們喝新的那日子。」』(太26：27-29) 他們在苦難中，就因指望他們的主復臨而得了安慰。他們想起這句話：『你們每逢吃這餅，喝這杯，是表明主的死，直等到祂來。』(林前11：26)」（《歷代願望》，原文第659頁）

**6-6 通知舉行聖餐禮**——聖餐禮原來是適合安排在任何基督徒的崇拜聚會中舉行。然而，教會為了能夠適當地強調這項聖禮，並且儘可能鼓勵更多教友參加，通常都定在安息日的崇拜聚會中舉行，最好是在每季最後一個安息日之前的安息日。

教會應該在舉行聖餐禮的前一個安息日，報告即將舉行之聖餐禮的重要性，鼓勵全體教友準備己心，彼此省察，倘有嫌

隙不和等，應趁早尋求和好。然後在下週參赴主的恩筵時，這一聚會就能給他們帶來預期的福惠。那些未聽取報告的人也應受邀參加。

**6-7 舉行聖餐禮**——聚會的長短；教會計畫聖餐禮的節目時，時間並不是最需要考慮的因素。但是如果注意下列幾點，參與的人數就可能增多，而屬靈的效果也可能加強：❶在這個重要的節日，可以將崇拜聚會中某些無直接關連的節目予以刪除；❷在舉行謙卑禮前後，避免任何不必要的延誤；❸請女執事們儘早將神聖的象徵物預先在聖餐桌上佈置妥當。

**聚會開始**——在分散舉行洗腳禮然後回到聖餐禮之前，開始時應只包括簡短的報告、唱一首詩歌、祈禱、奉獻以及短講。

**謙卑禮**——每個教會都應該為謙卑禮作計畫，以符合教友的需求（見本書第11章註釋5，296頁）。

**餅和杯**——在謙卑禮之後，會眾再次聚在一起分享主的餅和主的杯（見本書第11章註釋6，297-298頁）。

**慶祝**——聖餐禮應是一種莊重但不憂愁的體驗。過錯得以改正、罪愆已蒙赦免、信仰也已重新堅定。這正是值得慶祝的時刻。慶祝聖餐所選用的音樂應該充滿盼望和喜樂。結束的時候應該使用音階較高的樂曲，如採用一首特別音樂或全體唱詩歌，然後散會。

賙濟捐的款項通常是在會眾離開教堂時收取。

男女執事在散會後要清理聖餐桌，收集有關的器皿，並莊重地處理剩下的餅和葡萄汁。在任何情況下，聖餐餅和葡萄汁都不應再被享用或回收再用。

**6-8 參加聖餐禮的資格**——本會採取開放式的聖餐禮。凡已將自己的人生交託給救主的人都可以參加。兒童觀看會眾參加後，便能了解這項聖餐禮的意義。這樣他們以後在浸禮查經班裡接受了正式的教導，並領浸將自己交託給耶穌之後，就準備好可以參加聖餐禮了。

「基督的榜樣，不許祂的門徒排斥他人參加聖餐。聖靈固然明白指示：公然犯罪的人不得參加聖餐 (林前5:11)；但除此以外，沒有人可以擅自審定別人。上帝並沒有讓任何人來決定誰可以參加這禮節，因為誰能洞察人的心呢？誰能將稗子從麥子中分別出來呢？『人應當自己省察，然後吃這餅，喝這杯。』因為『無論何人，不按理吃主的餅，喝主的杯，就是干犯主的身、主的血了』。『因為人吃喝，若不分辨是主的身體，就是吃喝自己的罪了。』(林前11：28，27，29) 或許也有一些不是誠心愛慕真理的人願意參加，但不應當禁止他們。因為當日耶穌為門徒和猶大洗腳時，那些在場的見證者也必來到我們中間。當時看到那幕景象的不只是常人。」(《歷代願望》原文第656頁)

**6-9 每位教友都應參加**——「我們不要因為有一些不配的人在場，就不去參加聖餐。每一個門徒都當公開參與，藉此證明他接受基督為他個人的教主。基督必在這些祂自己所指定的約會中與祂的子民相會，並由於祂的臨格而加給他們力量。即或主持聖禮的人因心手不潔而不配，但基督依然要在那裡服事祂的兒女。凡全心信靠祂而來參加的人，必大大蒙福。凡疏忽這些與上帝親近機會的人，必要遭受損失。對於這樣的人，正可以說他們『不都是乾淨的。』」(《歷代願望》原文第656頁)

**6-10 主持聖餐禮的資格**——聖餐禮應由經按立／委任的牧師或經按立的長老來主持。男女執事雖已被按立但均不可主持聖餐禮。

**6-11 為未能參加的教友舉行聖餐**——若有教友因患病或其他原因而不能參赴聖餐禮，牧師或長老可在男女執事同行協助下，為未能赴會的教友在家中舉行特別的聖餐儀式。

## 第7節　禱告聚會

**禱告聚會應避免枯燥無味**——「禱告聚會理應成為所有聚會中最有趣的一種；但往往處理欠佳。許多人參赴講道聚會，卻忽略了禱告聚會。這事也需要思量周全。當求上帝賜下智慧，並擬訂計畫，使禱告聚會充滿興趣且有吸引力。人們渴慕生命的糧，如果他們在禱告聚會中可以得著它，他們自然就會到那裡去領受了。冗長乏味的講論和禱告，無論何處均不相

宜，尤其在公眾聚會中更是如此。那些大膽而常常搶先發言的人，往往使膽小退讓之人沒有作見證的機會。最膚淺的人，往往說話最多。他們的禱告也冗長而呆板，足以令天使和聽見的人感到厭倦。我們的禱告應當簡短而中肯。如果有人要作冗長而使人厭倦的祈求，盡可到密室裡去。應當讓上帝的靈進入你們的心中，則一切枯燥的繁文縟節就必一掃而空了。」（《教會證言》卷四，原文第70-71頁）

教會當竭盡全力確保禱告聚會完滿地舉行。縱然只有兩三個人出席也當準時。首先應有為時15分鐘至20分鐘的研經或研讀預言之靈。其後，給赴會的人有時間禱告、作見證和祝福。

每週禱告聚會都可以安排不同的活動計畫。

如果教友們不能到平常聚會的地點參赴禱告聚會，也可舉行家庭禱告會。這也對赴會者大有裨益。

## 第8節　事務會議

地方教會在基督復臨安息日會的架構中按照既定的功能來運作。在其功能範圍內，事務會議就是地方教會的教友大會（見本書44頁）。信德良好的教友都應該被鼓勵參加會議，且有權投票。正在受紀律處分的教友無權參與，不能在會議中發言或投票。

事務會議應該每年至少舉行一次。由堂主任或由堂主任所

參與及支持提供諮詢的堂董會負責召集。召開事務會議的通知一般需提前一或兩週，在平常的安息日聚會上宣布，內容包括會議時間及地點。而由堂主任、或堂主任委派的長老、或在某些情況下由區會的會長，來擔任事務會議的主席。

會議可以進行的法定人數由每個教會決定。

透過代理或信件投票是不允許的。

重大事項應該在慣常的或特別召集的事務會議上決定。

事務會議享有高於堂董會的權力，並可給堂董會在《教會規程》所訂定的責任上賦予額外的責任。（見本書209-215頁）

事務會議的議程應包括教會的各項工作報告。議程應至少每年一次包涵教會活動的報告。根據這些報告，制訂下一年包括年度預算在內的工作計畫，並向會議提交以獲取批准。只要可行，應以書面方式提交下一年的報告和計畫。（見本書第11章註釋7，298-299頁）

為了維護教會和區會之間的合作精神，教會應就重大事項向區會徵求意見。

區會和聯合會的行政人員（會長、行政祕書、司庫）或他們指派的人士可在沒有投票權（除非地方教會賦予他們投票權）的情況下參加轄區內任何一間教會的事務會議。如果這些行政人員本就是該地方教會的教友，則無需通過任何動議獲得投票權。

## 第9節　堂董會及其會議

**9-1 定義與功能**——每個教會都必須成立一個能發揮功能的堂董會，其成員經由教會事務會議選舉出來。堂董會的主要目的，就是確保教會有一個活躍的門徒培訓計畫，其包含培養會眾的靈命以及制訂與推行佈道計畫。

---

### 堂董會的職責包括：

❶ 制訂活躍的門徒培訓計畫

❷ 推行各方面的佈道活動

❸ 靈命上的培養及對信徒的指導

❹ 維護教義的純正

❺ 持守基督教的標準

❻ 就教友身分的變更提出建議

❼ 監督教會財務

❽ 保護及保養教會財產

❾ 協調教會各部門的工作

---

耶穌囑託的大使命告訴我們：建立門徒（包括施洗及教導）是教會的主要功能（太28：18-20）。因此，這也是堂董會作為教會首要委員會的主要功能。當堂董會全心全力地投入鼓勵每個信徒去傳福音並建立門徒的工作中時，教會裡大多數的問題就能減少或預防，也會對信徒的靈性和增長產生強烈且積極的影響。

**9-2 靈性的培養**──基督對教會的愛應該在教會裡透過祂的追隨者彰顯出來。真正的門徒不但會教授聖經真理（太28：20），還要對其他信徒懷有無條件的愛。這也是基督在受難前傳達給門徒的核心信息（約15：9-13）。基督對他們的命令同樣適用於我們：我們必須「彼此相愛」。懷愛倫對這一歷史場面頗具洞察力的描述教導我們：「這種愛就是做基督門徒的憑據。」（《歷代願望》原文第677、678頁）

因此，堂董會的主要功能之一就是確保信徒得到澆灌與引導，與主建立個人且活潑的關係。

**9-3 門徒培訓**──教會的使命就是要為基督培養信徒成為祂的門徒，他們要以基督慈愛之見證人的身分生活，向所有人宣告三天使信息之永遠的福音，並為祂的復臨而預備（太28：18-20；徒1：8；啟14：6-12）。教會作為基督的身體，其目的是要努力培養門徒，使他們與基督以及祂的教會之間，保持一種活躍且碩果累累的關係。

作門徒是基於跟耶穌之間建立一種不斷發展、持續一生的關係。信徒要定意常「在基督裡面」(約15:8)，藉著向他人分享耶穌，受培訓成為碩果累累的門徒，並引領其他信徒也成為忠心的門徒。

教會，不論個別還是整體，都有責任確保每一個信徒持續成為基督肢體的一部分。

**9-4 堂董會委員**——堂董會委員是在常規選舉教會職員時，經信徒選舉產生的 (見本書121-122頁)。除了區會指派的傳道人，教會應該選出具有代表性並包括以下負責人的堂董會：

- **長老們**
- **首席男執事**
- **首席女執事**
- **司庫**
- **教會書記**
- **慕道友協調人**
- **復臨信徒社區服務部主任或多加會會長**
- **復臨人團契協調人**
- **復臨得時／特殊需要事工領導人**

- 復臨青年事工部（AYM）
  冒險家／幼鋒會團長
  大使／少青事工團團長
  前鋒會會長
  校園事工部團長／協調人
  成青團團長
- 聖經學校協調人
- 兒童事工部主任
- 教會音樂協調人
- 傳播委員會主席或傳播部書記
- 教育部書記／教會學校校長或首席教師
- 家庭事工部主任
- 健康事工部主任
- 家庭與學校協會主任
- 個人佈道部主任及書記
- 校園佈道部團長／協調人
- 出版事工部協調人
- 宗教自由部主任
- 安息日學主理
- 管家事工部主任
- 婦女事工部主任

在某些情況下，根據教會成員的多寡，堂董會不一定包括上述名單上的所有人士，或者還需要增加其他人。由區會委派的傳道人（堂主任）在任何時候都是堂董會的委員之一。

**9-5 教會職員**——堂董會的主席乃是區會任命為堂主任的傳道人。若堂主任不願擔任此職或不能出席時，他／她可安排一位長老擔任主席。

教會書記也是教會堂董會的祕書，負責記錄、提交及保存會議紀錄。

**9-6 會議**——因為教會堂董會的工作對教會的生命、健康及增長至為重要，故建議應至少每月開會一次，如有需要也可以多開幾次。最好將開會的日期固定在每月的同一週及同一天。

教會召開堂董會前，應先在例行安息日崇拜聚會的時間內報告，並盡力使全體堂董會成員參加。

各教會應在一次事務會議中決定日後教會堂董會的委員數目，以組成法定開會人數。在當地法律允許的情況下，堂董委員可以透過電子會議或類似的方式參與會議，這種方式必須令所有與會者可以同時互相交流，透過這種方式參與將視為親自出席會議。

會議不接受代理或書面投票。

**9-7 堂董會的工作**——堂董會肩負以下責任：

❶ 確保教會有一個活躍且持續進行的門徒培訓計畫，當中包括培養信徒的靈命以及推行各種佈道工作。這是堂董會應關注的最重要的事項。

❷ 研究教友名冊並制定計畫重新聯絡（挽回）離開了教會的成員。

❸ 訓練地方教會的領袖，鼓勵自身及他人的靈性增長。

❹ 在教會的佈道領域廣傳福音。堂董會會議應每季一次致力於佈道計畫。堂董會要研究區會就佈道項目和方法所提出的建議，探討如何在地方教會加以實施。堂主任和堂董會要發起並發展公眾佈道會的計畫。

❺ 協調教會各部門的佈道活動。每個部門都有為自己的工作領域開展的佈道計畫，為了在時間上不產生衝突、避免爭奪志工人力、並為取得最佳效果，協調是非常關鍵的。每個部門在制訂計畫完成和宣布之前，應該將計畫提交給堂董會批准。部門也要將佈道活動的進展和成效向堂董會報告。堂董會可就部門活動該如何幫助預備、推行及跟進公眾佈道會作出建議。

❻ 鼓勵個人佈道部調動全體成員和兒童參與某種形式的個人佈道工作。教會應該就各層面的佈道工作舉辦訓練班。

❼ 鼓勵慕道友協調人確保所有的慕道友都由指定的平信徒進行個人和及時的跟進。

❽ 鼓勵每個部門至少每季針對培靈工作和佈道工作向堂董會及教會事務會議或在安息日各聚會作出報告。

❾ 收取定期的報告。堂董會應關注教會事務的細節，就教會的財務定期收取司庫的報告。堂董會應研究教友名冊，詢問所有信徒的屬靈狀況，探訪生病、灰心、離開的教友。其他教會職員也應定期作報告。

❿ 提倡復臨教育。

**9-8 堂董會委任之委員會**——堂董會不應允許任何教會事務阻礙佈道計畫的工作。如果商討其他事務將耗費太多時間，堂董會可任命小組委員會來關顧教會的特別事務，例如財務或是建堂計畫等。然後再由小組向教會堂董會提出建議。（見本書第11章註釋8，299頁）。

## 第10節　財務委員會

每個教會都應該有一個受佈道使命驅動、具有廣泛代表性及協商性的財務計畫與預算制訂程序。成立一個委員會形式的架構能夠為不斷發展的財務計畫與預算制訂提供細節的指導。在某些地方，成立財務委員會是合適的；在另一些地方，當教會規模較小時，這個過程直接由堂董會處理即可。如果教會為

了財務專門成立了一個委員會，其責任應包括審查各項預算要求並回顧年度運作預算情況，通過各類財政報表審查教會的經濟健康狀況。財務委員會通過接納的預算和財政報告應轉介給堂董會，繼而轉介給教會事務會議表決。

## 第11節　教會學校校董會

教會學校通常由教會學校校董會進行監督管理。由教會選派一個主席來主持校董會，並選派一名書記來記錄會議及各項議案。校董會應定期召開會議。主席可召集舉行特別會議。有些教會以堂董會或堂董會轄下的一個小委員會來擔當校董會。

（見本書151-153頁）

## 第12節　家庭與學校協會會議

家庭學校協會應每月開會一次並協調家庭、學校和教會的活動。協會除了著重家長的教育之外，也協助教會小學獲得必要的資源，例如班級家長（room parents）、書籍、教材和設備等。家庭學校協會主任所需要的輔助材料，可經由區會教育部提供。（見本書150-151頁）

## 第13節　青年集會

教會各類青年團體的負責人應定期舉行集會，讓教會的年輕人參與有意義的活動，使他們跟教會更親密，並培養他們開展有用的服事。（見本書170-177頁）

**13-1 資深青年事工集會**（大使／少青和成青）——資深青年事工集會應定期舉行，並著眼於發展教會青年的靈性、心志、情緒和身體的各特質。這些集會也要提供基督化的社交和見證項目以配合教會的救靈工作。（見本書第11章註釋9，300頁）

**13-2 校園事工集會**——教會如果委任了校園事工團的團長或協調人，他／她應該與復臨青年事工委員會進行磋商、探討如何舉辦集會以關懷公立大學學生的特別需要。

**13-3 少年事工集會**（冒險家／幼鋒會和前鋒會）——少年事工集會跟青年的目的相似，但涉及的是少年人。冒險家／幼鋒會聚會為小學／早期學齡兒童提供特別的活動項目，幫助父母參與孩童幼年期的發展過程，而前鋒會集會則是為10至15歲的少年提供促進其全面發展的室內和戶外活動。集會及其他活動需必須根據區會列在前鋒會手冊內的規章，與教會其他跟青少年和家庭事工有關的組織合作下開展。

第 **12** 章

財務
FINANCE

　　聖經教導上帝的百姓要用所奉獻的十分之一和樂意捐來支持聖工的開展。主說：「你們要將當納的十分之一全然送入倉庫，使我家有糧。」(瑪3:10) 本會從早期就遵循這個教導。

　　「上帝規定十分之一和樂意捐的目的，是要將一個重要的真理銘刻在世人心中——上帝是祂所造之物的福惠源頭，人類因祂為他們預備美好的恩賜，應當向祂表示感謝。」(《先祖與先知》原文第525頁)

　　「十分之一和給上帝的奉獻，是對祂的創造之所有權的一種公認，也是對祂的救贖之要求的一種承認。因為我們所有的能力都源自基督，這些奉獻是要從我們這兒流向上帝的。它們要在我們平常時即遵守，以作為救贖的請求，這是所有請求中最大的，也是牽涉每一個請求中的一個。」(《教會證言》卷六，原文第479頁)

　　「十分之一是神聖的，是上帝保存為自己而用的，必須把它存入祂的倉庫中，用以供養傳福音的工人，進行他們的工作。」(《教會證言》卷九，原文第249頁)

　　「祂已給祂子民一個籌集款項使此項功業足以自養的計畫。上帝十分之一制的計畫，奇妙之處在於簡單而又公平。這制度是上帝所創立的，凡存著信心及勇氣的人都能持守。在這種制度中，簡單便利兼而有之。……每一男女及青年都可成為

主的司庫，也可作一個應付庫房需要的經理人。使徒說：『個人要照自己的進項，抽出來留著。』(林前16：2)」(《教會證言》卷三，原文第388、389頁)

「上帝使福音的宣傳倚賴袘子民的工作與奉獻。各項樂意捐和十分之一，乃是主聖工的經常收入。上帝在託付給人的財產中，有權要求屬袘的一份——那就是十分之一。至於人是否要多奉獻，則可由各人自行決定。」(《使徒行述》原文第74頁)

「上帝對十分之一的用途已給予特別的指導。袘並不打算讓袘的事工因缺乏財力而癱瘓。……上帝為袘自己存留的那部分不可移作他用。不可讓人覺得可自由保留他們的十分之一，根據自己的判斷來使用。他們不可在緊急狀況自行挪用，也不可依他們以為合適的方式運用它，即使他們可能認為是用在主的事工上。」(《教會證言》卷九，原文第247頁)

## 第1節　管家

基督徒是上帝的管家，受託管理袘的財物。我們與上帝合作，根據袘的指引和原則來管理財物。聖經教導我們說：「所求於管家的，是要他有忠心。」(林前4：2)雖然管家的責任涵蓋了基督徒生活與經驗的方方面面，但毫無疑問，管理好我們的財物是至關重要的。管家的工作關乎整個基督教會大家庭，表現出我們承認上帝的統治權、袘擁有萬物的主權，以及袘所賜的恩典在我們的心裡產生了果效。

雖然這涉及基督徒管家身分中關於物質的財產方面，但卻是我們基督徒經驗的反映。主要求我們奉獻某些東西，以便祂可以為我們成全某些事情。我們順從天父的要求，使自己管家的身分達至靈性的最高境界。祂沒有專制地要求我們去事奉祂，或以呈獻禮物來表達認同。祂如此安排是為了若我們在這些事上與祂協力合作，就可使屬靈的福惠源源不絕地流入自己的心中。

「上帝期望祂所有的管家都嚴格地服從神聖的安排。無論在什麼時候或任何情形之下，他們不可隨從自己屬人性的意思，在覺得合適時作一些慈善的事情，或捐一點金錢，用來抵銷上帝的計畫。人若想改良上帝的計畫，發明一些替代方法隨自己的衝動行善，以此抵銷上帝的要求，實在是下策。上帝呼召眾人都要隨從祂的安排來發揮他們的影響力。」（《教會證言》卷九，原文第248頁）

## 第2節　十分之一

作為上帝的子民、基督肢體（即教會）的一部分，信徒都要認識那出自聖經的計畫，並且意識到自身享有且擔負的嚴肅特權與義務。因此，教會鼓勵所有教友忠實地將十分之一（即一切收益和進項中的十分之一）歸回教會的庫房之中。

當地教會不能以任何方式動用十分之一，只能在代管後上交給區會司庫。這樣，各地方教會的十分之一都歸納入區會的

庫房。區會再根據全球總會和分會制訂的工作政策，將一定比例轉交給上一級的組織，以支付各層教會組織各按其職開展上帝聖工所需要的開支。

這些政策的訂立就是為了在全球各地收集、分配資金，以推行教會的各項聖工。聖工的經濟和事務方面是很重要的，不可與救恩信息分割，而是其中完整的一部分。

**2-1 有系統的捐獻與團結**——本會的財務計畫意義之深遠是財務和統計報告所不能顯示的。全球總會的《工作規章》（Working Policy）建立了在全世界各佈道區之間共享資金的制度，有效地促進了本會在各地屬靈聖工合一的目的。

**2-2 十分之一的用途**——十分之一是神聖的，只能用於支持傳道、教導聖經以及支付區會管理地方教會並開展佈道事工的花費。除非是全球總會《工作規章》允許的項目，否則不可將十分之一用在別的工作上，也不可用來為教會或其他機構償還債務或用來建造房屋。欲知更多有關使用十分之一的資料，請見第十二章註釋1，300頁。

「對於我們的教友，上帝已經賜給我一個十分清楚明確的信息。祂吩咐我要告訴他們：他們把十分之一用在雖正當、卻不是上帝所指定該用的事上，是犯下錯誤了。凡這樣運用十分之一的人，乃是違反了上帝的安排。上帝必審判這些事。」

《教會證言》卷九，原文第248頁）

**2-3 如何奉還十分之一**——十分之一是屬於主的，因此信徒奉還十分之一也是一種敬拜的舉動。信徒應該通過其教籍所在的教會將十分之一轉入區會的庫房。在情況特殊時，教友應徵求區會行政人員的意見。

**2-4 教會和區會行政人員應以身作則**——長老和其他行政人員，連同傳道人及區會與機構的員工，都應在歸還十分之一的事上為信徒樹立良好的榜樣。無論是教會的行政人員或區會的員工，若不符合這個作領袖的標準，就不應保留職位。

## 第3節　捐獻

在十分之一以外，聖經強調我們也有本分將其他捐獻帶到主前。聖經說，不作其他的捐獻與不歸還十分之一同屬「奪取上帝之物」的行為（瑪3：8）。自本會成立初期，信徒就用各樣慷慨的奉獻來支持上帝的聖工。

本會有傳統的奉獻日曆，明列每個安息日所收取的奉獻用於何種特定目的。此外，全球總會亦批准了一套綜合奉獻系統和個人奉獻計畫。各分會執行委員會有權決定在該分會領域內採用哪一套計畫。

**3-1 安息日學捐**——本會最普遍實行、也是最成功的奉獻制度乃是藉著安息日學捐所進行的；它是專為全球佈道工作而

收集的。

**3-2 其他捐獻**——本會有時也收集其他捐款用於全球佈道及推進一般及當地計畫項目。在為某一項目收捐時，除非奉獻者特別註明捐款另有他用，否則所得到的款項都將歸入此奉獻。

**3-3 向某地區做特別捐獻**——本會全球各地的聖工資金是根據預算制度來分配的。教會按照預算上的需要向各地區撥出經費。這是分配資金一種公平合理的方法。

如果有人在常規預算之外向某一特定地區作特別奉獻，其他地區就會因為出現的差異而處於不利。倘若這一奉獻是為開發新工之用，那麼在該項捐款用完之時，新工也可能隨之停滯；或可能要把該項新工的經費納入未來的預算。結果其他地區或有更大的需要卻不為人知，本來可以從一般資金得到相等的撥款，現在卻被挪去幫助新工了。

歷史已經證明，本會要求教友慷慨忠心地循正式管道奉獻，並且知道各地區的聖工都從這份捐獻獲益，實在是一種明智的安排。

**3-4 賙濟窮人**——教會收集賙濟捐是為了幫助那些有需要的教友。教會應當設立儲備基金以應緊急之需。另外，教會應該對所有有需要的人士抱有關愛的態度。堂董會應該從儲備基金裡撥款，支持為社區家庭開辦的健康與福利工作。

**3-5 當地教會費用預算**——解決當地教會開支的最好方法就是訂立一個預算計畫。在新的預算年度來臨之前，堂董會應當將下一年內教會開展各項活動所需的費用做成一份預算報告。這份報告應該將各部門的一切收入和支出包括在內，也要包括預計的花費，例如水電費、保險費、維修費、清潔費、賙濟有需要之人士的基金以及教會學校開支（見本書第12章註釋2：年度預算範例，301頁）。

這份預算報告擬訂之後，當交付教會研商及認可，並制訂計畫籌集款項以確保來年的收支保持平衡。教會可用奉獻或認捐的方式募集教會費用預算所需的款項。教會應鼓勵每位教友按各人的經濟能力支持當地教會。

## 第4節　一般財務規則

**4-1 募捐的規則**——以下規則適用於募捐：

❶ 任何區會、教會或機構未經特別的商議和安排，均不得計畫需要在其範圍以外之地區募捐的工作。所有在其範圍以內的募捐也應當按照地方、聯合會、分會及總會的規章而行。代表某一地區特殊利益的本會員工不得在另一地區或在另一區會發動募捐，除非該員工在此之前已獲得募捐活動計畫進行之地區區會行政人員安排及書面授權。

❷ 以下原則可以保護教會免受未經授權、欺詐或非本會

的募捐行為危害：

 ⓐ 傳道人及教會職員不可容許任何未經區會認可或推薦之人登上講台向會眾籌款（見本書196-197頁）。未經區會認可，不應准許任何公開或私下的募捐行為。

 ⓑ 教友為響應任何呼籲而捐出的一切款項必須經過正常的教會管道處理。

 ⓒ 區會及教會行政人員應採取各種必要的措施來杜絕未經授權或非法向公眾募捐的行為。

 ❸ 除了一年一度的募款活動（Annual Appeal，Ingathering或類似的募款活動），且該活動使用經授權的募款宣傳材料和募款箱進行之外，不得進行任何其他形式的募款宣傳，無論是為本地還是海外宣教事工募集資金。各聯會和區會應杜絕違反此規定的行為。

 ❹ 跨分會員工回國探訪家鄉教會，或用其他方式與國內教會聯繫請求捐款時，僅應為在預算中撥款的項目募捐，籌募全球宣教事工所需的經費，並且要與教會和區會合作，一切款項必須經過正規的教會渠道轉交。

 **4-2 不正當的籌款方式**——地方教會應立場堅定地抵制不正當籌款方式。

 「許多教會為宗教用途籌款時，採用什麼方法呢？用義賣、聚餐和遊樂的方法，甚至發行彩票一類的行動來為教會募

捐。如此導致原為敬拜上帝的地方，往往受到褻瀆，變成了吃喝宴樂、遊戲買賣的場所。在青年人的思想當中，敬重上帝的聖殿和虔誠禮拜的觀念就逐漸削弱了，自制的界線也模糊了。他們受到引誘，放縱自私、食慾和喜愛招搖的惡念；而這些惡念越加放縱，也就越加根深蒂固了。」（《教會證言》卷九，原文第91頁）

「上帝的聖工一經擴展，則求助的呼聲就必愈來愈頻繁。……如果自命為基督徒的人，肯忠心將十分之一和當獻的供物獻與上帝，祂的府庫就必豐足。這樣就根本無需依賴舉辦展覽會、開發獎券，或召開同樂會等來募捐維持福音了。」（《使徒行述》原文第338頁）

**4-3 十分之一和捐獻非私人信託基金**——獻給教會的十分之一和各種捐款不能設立成一種信託基金，作為捐獻者未來的福利。這些款項要用在當前所贊助的聖工上。

**4-4 籌款建築或購買教堂**——教會若想購買或建築教堂或其他建築，或以任何形式借貸，應在作出這樣的財務決定之前與區會行政人員進行協商。在未得到區會和聯合會委員會的同意之前，教會不應擅自舉債購堂或動工建堂。這些委員會只能在確信一切財務安排都符合既定政策時方可做出批准。在就財務問題發表意見時，區會執委會應考慮到該教會的教友人數、經濟能力以及建築物的地點。

**4-5 捐款的處理與記帳**──為主的工作而收集並使用款項乃是一種神聖的責任。這些款項在教會流動的正當管道是首先由教友交給當地教會，然後由教會司庫收集這些款項（見本書138-143頁）。之後，司庫將本來用於本堂的款項進行分發；為區會或整體工作而用的就由地方教會司庫呈交給區會司庫。地方教會的司庫在堂董會的指引下工作。各級組織的司庫（地方教會、區會、聯合會、分會／總會）都不是獨立行事的。他們只能在相關委員會的決議或授權下撥款。

**4-6 查帳**──從地方教會到全球總會，本會的每套帳簿都要接受查帳專員的查核。這個規定適用於每一個附屬本會的機構，此舉為款項的處理提供了最大的安全保障（見本書142頁）。

教會規程
Church Manual

第 **13** 章

基督徒的生活標準

STANDARDS OF CHRISTIAN LIVING

## 第1節　在基督耶穌裡上帝崇高的恩召

基督徒的生活不是一種略微修正或稍加改良的生活，而是一種在本質上徹底轉變的生活。也就是說，一個基督徒對老我和罪而言是死的，卻在耶穌基督裡復活重生、成為一個新造的人。

基督徒的心因著信而成為基督的居所。要做到這些，我們必須「默想基督，仰望基督，時常懷念親愛的救主為我們至好至敬的朋友，以至我們沒有任何行為會使祂憂傷，或使祂不悅」。（《給傳道人的證言》原文第387頁）這樣，基督徒「就可有主同在為伴」。當我們意識到主的同在時，才能「使我們的意念都歸服於耶穌基督之下」，而我們的生活習慣也與神聖的標準相符（同上，原文第388頁）。

我們應當記得：「要防禦試探，鼓舞人達到純潔真實的地步，再沒有別的勢力，能與有上帝同在的感覺相比。」（《教育論》原文第255頁）

「我們的行為沒有一樣能逃過祂的眼目。我們的行動是絕瞞不過至高者的。……人的每一件行為、每一句話語、每一個思想，都是清清楚楚的瞭如指掌，好像全世界只有這一個人，而天庭的注意力完全集中在他身上似的。」（《先祖與先知》原文第217、218頁）

上帝愛所有的人，特別是祂的子民。祂常側耳垂聽祂子民的呼求。他們已轉離世界，獻己於主。這種聖潔的關係讓人生出尊崇敬畏的心，並隨時隨地顯露出來。

我們作基督徒的人，乃是王族的成員、天國大君的兒女。因此，我們的一言一行都不該使我們「所敬奉的尊名」（雅2:7）蒙羞。我們是生活方式的革新者。在生活各方面，我們都應當「仔細揣摩那位神人的品德；常常自問：『耶穌若處於我的地位，祂會怎樣行呢？』這應當作為我們本分的衡量標準」。（《服務真詮》原文第491頁）

上帝要藉著餘民教會向全宇宙作最後的展示，證明福音具有徹底拯救人類脫離罪之權勢的能力。我們作教友的應當再度重視基督徒品行的偉大標準，重新立志忠於上帝所賜的各項原則。眾人都應達到基督徒生活的崇高標準，與世人迥然有別。對於這個目標，我們要注意主的忠告：「不要愛世界和世界上的事。人若愛世界，愛父的心就不在他裡面了。」（約一2:15）

## 第2節　讀經和禱告

屬靈的生命是靠靈糧來維持的。我們若要達到成聖的地步，就必須養成讀經和禱告的習慣。現今世上各種媒體氾濫，五花八門的書刊、廣播、電視、互聯網都在爭奪我們的注意力。我們必須排除一切干擾，專心研讀上帝的書——《聖經》。聖經是萬書之書、生命之書。我們若不成為愛好聖經的子民，

我們就會失落，我們的使命也會失敗。我們惟有每日在禱告中
向上帝說話，以讀經來傾聽祂的話，才有希望度過「與基督一
同藏在上帝裡面」的生活（西3:3），並完成祂的聖工。

禱告是雙向的交談。我們在禱告時聆聽上帝的話語、向祂
吐露心聲。「祈禱是人與上帝的傾心談話，如同與知己的朋友
談心一樣。」（《喜樂的泉源》原文第93頁）「誠心的祈求，能使我們
與無窮者的心相契合。」但是「我若不時刻祈求，時刻儆醒，
就有漸漸疏忽，甚至離開正道的危險」（同上原文第95、97頁）。

家庭是教會的房角石。基督徒的家是一所禱告的殿。「身
為父母的人，無論你們的事務多麼繁忙，切不可不將家人召集
在上帝祭壇的周圍。……凡願度忍耐、仁愛、喜樂之生活的
人，必須禱告。」（《服務真詮》原文第393頁）

## 第3節　與社區的關係

我們雖屬「天上的國民，並且等候救主」（腓3:20），但我們
仍然生活在世上，是人類社會中不可缺少的一分子，我們必須
與同胞共同分擔解決生活中的難題。作為上帝的兒女，我們無
論生活在什麼地方，都要表現基督徒忠貞的特色，作良好的公
民，盡力為大眾謀福利。

我們的至高責任，固然在於教會及其使命，要將天國的福
音傳給普世的人；但我們也當克盡一己之所能，藉著服務與各

樣資源促進社會的秩序，使社會變得更美好。雖然我們必須置身於一切政治及社會糾紛之外，但我們也當時常鎮定、堅決地採取毫不妥協的立場，致力於維護民事上的正義與權益，同時也要嚴格保持自己的宗教信仰。我們的神聖責任，就是作自己所屬天國的忠實公民，「凱撒的物當歸給凱撒；上帝的物當歸給上帝。」（太22:21）

## 第4節　謹守安息日

安息日是上帝愛人類的一個標記。它紀念上帝起初創造的大能，同時也是一個記號，表明祂對我們的生命有再造和使人成聖的能力（結20:12）；而我們謹守安息日，乃是我們效忠於祂的一個證據。

安息日在復臨信徒的生活中佔有特殊的地位。每週的第七日—從星期五日落到星期六日落（利23:32），是從上帝而來的恩賜，是祂在時間上所立的恩典記號。它是一種特權，是我們與一位愛自己、也是自己所愛之主的特別約會，是根據上帝的永恆律法所分別為聖的時刻，是敬拜上帝和與人分享的可喜日子（賽58:13）。信徒以歡喜與感恩之情來歡迎安息日。

「安息聖日，啊！要使它作為一週之中最甘甜而大蒙福祉的日子。」（《信仰的基礎》原文第36頁）

「安息日……是上帝的時間，並不是我們的時間；我們干

犯安息日，便是偷竊上帝之物。……上帝已惠賜我們整整六天的時間從事自己的工作，而僅保留一日歸於自己。這日對於我們，應是一個有福的日子，是應放下一切屬世的事而將思想集中於上帝與天國的日子。

「我們不要教訓自己的兒女在安息日絕不可歡喜快樂，在安息日走出戶外散步也是不當的。啊，不要這樣做。須知基督在安息日率領祂的門徒出去，到湖邊教訓他們。祂在安息日所作的證道，並不總是在室內宣講的。」(《一同在天上》原文第152頁)

「上帝的愛卻曾限制人勞作的需求。祂在安息日的事上，伸出了祂憐憫的手。祂在自己的日子，替家人留了一個與祂交往、與自然接觸，並彼此聯絡的機會。」(《教育論》原文第251頁)

安息日的時間是屬於上帝的，只應為祂而用。在謹守主聖日的事上，我們應該「不辦自己的私事，不隨自己的私意，不說自己的私話」(賽58：13)。在星期五日落之時，我們當聚集家人去唱詩祈禱來歡迎神聖的安息日，並且要以祈禱和感謝主的奇妙慈愛來結束這一日。安息日是我們在家庭和教堂崇拜的一個特別日子，是一個與家人兒女共敘天倫之樂的日子，也是一個多多藉著聖經和大自然的課本來認識上帝的日子。這是我們探訪病人和作救靈之工的時刻。平常六天工作日的各項事務應當置於一旁。一切不必要的工作都應放下。在上帝的聖日當

中，不可讓世俗的媒體佔據我們的時間。

「安息日並非懶惰無所事事的日子。上帝的律法禁止人在祂的安息日從事屬世的工作；那謀求生計的辛勞必須停止；凡是追求世俗的快樂或利益的事，在這一天都是不合法的。上帝既歇了祂創造的工，在安息日安息，並賜福與這一日；因此人也當擺脫他日常的職務，專以這成聖的光陰作有助健康的休息，敬拜上帝，並為聖事而用。」（《歷代願望》原文第207頁）

秉著真正守安息日的精神安排一切活動，就可使這蒙福之日變成一週中最愉快、最美好的日子，使我們自己和兒女真正預嚐到天國安息之樂。

## 第5節　對崇拜之處的尊敬

基督徒若體會到上帝的全能、聖潔和慈愛，就必隨時隨地對於上帝、祂的聖經和祂的敬拜流露出一種深切崇敬的精神來。「凡到上帝面前來的人，態度必須謙卑恭敬。」（《先祖與先知》原文第252頁）他們辨察到：「因為有上帝在那裡，祈禱的時辰與地點就都是聖潔的。」（《傳道良助》原文第178頁）。我們來到敬拜的地方時不應隨便，而是要以默想和祈禱的精神進入，並避免不必要的交談。

作父母的應存著敬畏的心，教導他們的兒女，在「上帝的家」中應當有怎樣的舉止（提前3:15）。父母在家中、安息日學和

講道聚會時，要忠實地管教孩子應當如何敬畏上帝、虔誠崇拜，便可使他們在日後的歲月中也一直保持忠心。

牧者若感覺到事奉上帝的神聖，就必藉著自己的榜樣、教訓，以及在講台前的舉止，在教會內培養敬畏、簡樸、良好的秩序和禮儀。

## 第6節　健康與節制

身子是聖靈的殿（林前6：19），「心智與靈性方面的能力，大部分有賴乎身體方面的能力與活動，凡足以促進身體之健康的，也必能促進健全思想與均衡品格的發展。」（《教育論》原文第195頁）

因此，復臨信徒明智地遵行健康的原則：多運動、深呼吸、適度接受陽光照射、呼吸純淨空氣、攝取充足水分、保持充分睡眠和休息。我們憑著信念選擇吃得健康、穿著合宜、講衛生、從事正當的康樂活動、愉快地遵循健康原則、有節制、飲食均衡。因此，我們戒絕所有的酒、煙和使人成癮的藥物。我們藉此避免無節制的行為，使身心保持平衡。

健康改良運動以及有關健康和節制的教訓，與復臨信息密不可分。主藉著祂所揀選的使者來教訓我們，說：「凡遵守主誡命的人，應當與祂有聖潔的關係。他們必須在飲食上實行節制，使身心處於最佳的狀態，以從事服務。」（《健康勉言》原文

第132頁)。又說：「主有意使健康改良帶來的影響力成為傳福音的最後大工的一部分。」(《醫藥佈道》原文第259頁)。

我們的身心靈都是屬於上帝的。因此，我們的宗教本分就是要遵守健康之律，一方面是為自己的益處，一方面也使自己能為上帝和社會作更有效的服務。食慾必須加以控制。上帝已為人類供應了種類繁多的食物，可以滿足飲食上的每一種需要。「用簡單的方法來烹製水果、五穀及蔬菜等，配以牛奶或奶酪，就成為最有益健康的食物了。」(《論飲食》原文第92頁)

當我們實踐健康生活的原則，就不會感到需要刺激品，自然之律制止身體服用含有酒精和麻醉物一類的東西。自從健康改良運動發起以來，本會就如此規定：戒絕菸酒等物，乃是作本會教友的條件之一 (見本書79-80，82，108，277頁)。

上帝已賜給我們許多關於健康原理的偉大亮光，而這些原理已經得到許多現代科學研究的證實。

## 第7節　服裝

身為復臨信徒，我們乃是奉召從世界出來的。我們的宗教信仰應滲入我們生活的每一層面，並產生陶冶之力。我們的生活習慣當堅守於真理的原則，而不是以世人為榜樣。風俗與時尚可以改變，為人端正的原則卻不會改變。懷愛倫在本會早期對基督徒的服裝已有訓勉：「保護上帝的子民脫離世俗腐敗

的影響，而促成身體和道德上的健康」(《教會證言》卷四，原文第
634頁)。她也訓勉我們避免穿庸俗的服裝、浮誇的流行裝飾和
標新立異的時裝(特別是違反衣著樸素之規定的)。如果可以的話，
我們的服飾應當是「上好的質料，適當的顏色，並且合用耐
穿……而不為誇示炫耀」。我們的服裝應當「美觀」、「正派優
雅」，並「適合自然的純樸」(《告青年書》原文第351、352頁)。

在世人的眼中，上帝的子民應當穿著保守，並且不在「穿
衣打扮上費盡心思」(《佈道論》原文第273頁)。

「服裝樸素大方，棄絕珠寶及其他裝飾，這是與我們的信
仰相符的」(《教會證言》卷三，原文第366頁)。聖經清楚地教導我
們：佩戴珠寶乃是違反上帝旨意的。使徒保羅也曾勸告說：「不
以編髮、黃金、珍珠和貴價的衣裳為妝飾。」(提前2：9) 人配戴
珠寶妝飾的用意是要引人注目，這與我們基督徒忘我的精神不
相符。

在某些國家，戴結婚戒指的風俗已被公認為必要；在一般
人的心目中，這已成為一種貞潔的標準，因此不能把它當作裝
飾品看待。在這種情形下，我們對此習俗無須加以責難。

我們應當記得「外面的」妝飾並不能表現基督徒的真品
格，「只要以裡面存著長久溫柔、安靜的心為妝飾；這在上帝
面前是極寶貴的。」(彼前3：3、4) 我們不應當使用化妝品，這不

合乎高尚的品味和基督徒端莊的原則。

當我們時常尋求討主基督的喜悅、想正確地代表祂時，我們就應該表現出整潔和基督般的儀態。作基督徒的父母應當以身作則，督促和規訓自己兒女，親身引導他們的穿著得宜，從而取得凡認識他們之人的敬重與信任。但願我們的信徒都明白：只有他們穿著端莊、優雅、保守的服裝時，才算穿得最為得體。

## 第8節　簡樸

基督復臨安息日會自建立之初就以簡樸為其基本特色。我們應當繼續作一班樸素的子民。宗教外表上日益豪華，往往和靈性力量的衰退成正比。相對於當代的虛榮和誇耀，「耶穌的生平都表現一種鮮明的對照。」（《教育論》原文第77頁）照樣，簡明與大能的復臨信息，也當與今日屬世的炫耀有鮮明的對照。主責備「人為了滿足自己驕傲和愛慕虛榮的心理，而不必要地任意揮霍金錢」（《給傳道人的證言》原文第179頁）。為符合這些原則起見，本會所舉行的畢業禮、婚禮等，都當以簡樸和節約為特徵。

## 第9節　現代媒體

人的內心和身體一樣，需要有益健康的營養才能復原與強壯（見林後4：6）。人心怎樣，他的為人也是怎樣。在發展品格和實現人生各種目標的事上，精神糧食是無比重要的。基於這個

原因，我們應當細心省察自己的心靈情況。我們選擇閱讀、聆聽、觀看的媒體，都可以塑造和影響我們的品格，無論是書籍、雜誌、收音機、電視、網路或其他媒體等等。

書籍和其他讀物在教育和文化熏陶上是最有價值的工具，但是必須慎選善用。現今好的作品固然汗牛充棟，但是劣質作品也如洪水氾濫，往往在最吸引人的外表之下戕害人的心思和道德。不論是真實或虛構，放縱的冒險故事及傷風敗德的內容對於任何年齡的信徒都是不合適的。

「人若沉溺於爭讀刺激的故事，那正是摧殘自己心智的力量，使自己的頭腦無法從事那些需要活潑思想的研究工作。」（《給父母、教師及學生的勉言》原文135頁）閱讀小說的習慣，除了有許多不良的後果之外，先知也告訴我們：「它會使人不能思考本分和命運上的大問題」，同時也「使人對生活中實際的本分產生厭惡之感」（同上，第383頁）。

現今廣播、電視和網路已完全改變了當代世界的風氣。它使我們與全球各地人類的生活、思想及活動聯繫於咫尺之間。這些媒體可以是偉大的教育工具。藉著它們，我們可以大大增廣對世界時事的知識，領會各項重要的討論，欣賞優美的音樂。

不幸的是，現今的大眾媒體源源不斷地為觀眾送上娛樂內容，其影響既不健康又不能使靈性昇華。我們若不懂得分辨或

堅持立場，這些媒體將會使下流庸俗的表演進入我們的家庭。

為了我們自己和兒女的安全起見，我們應當倚靠上帝的幫助，遵從使徒保羅的忠告：「弟兄們，我還有未盡的話：凡是真實的、可敬的、公義的、清潔的、可愛的、有美名的；若有什麼德行，若有什麼稱讚，這些事你們都要思念。」(腓4:8)

## 第10節　康樂活動與娛樂

康樂活動是要振奮人的體力和精神。活潑健康的頭腦不需要世俗化的娛樂，卻能在良好的康樂活動中，找到復甦其精力的來源。

「今日世上所流行的許多娛樂，與古代外邦人中所有娛樂的結果都是一樣；就是自命為基督徒者所愛好的娛樂，也是如此。這些娛樂之中，只有極少數是撒但不能用來敗壞人心的。歷代以來，他曾利用戲劇來刺激情慾，並誇耀惡行。許多劇作的動人表演、迷人的音樂，以及一般的大宴會、跳舞、玩牌等等，都已被撒但利用來打破正義的藩籬，並打開放縱情慾的門路。每一個追求宴樂、助長驕傲，或放縱食慾的場合，都是使人忘記上帝，忘記永生利益的所在；都是撒但進行活動，禁錮人心的地方。」(《先祖與先知》原文第459、450頁；另見本書277頁)

我們必須遠離那些繪聲繪色地描寫、刻畫人類的罪惡與犯罪行徑(諸如謀殺、姦淫、搶劫，等等)的媒體。這些媒體在很大程

度上要對社會道德的敗壞負責。我們應當透過上帝的偉大自然界和神人合作的聖工找到樂趣。

交際舞是另一種帶有邪惡影響力的娛樂方式。「今日跳舞的娛樂乃是敗德的學校，對社會乃是可怕的禍患。」——（《告青年書》原文第399頁；見林後6:15-18；約一2:15-17；雅4:4；提後2:19-22；弗5:8-11；西3:5-10）

康樂活動是必要的。然而，我們不與「愛宴樂不愛上帝」（提後3:4）的屬世群眾為伍，而是應該以基督和教會為中心去發展友誼和進行康樂活動。

## 第11節　音樂

「音樂用在聖潔的活動上，能使人的思想升到純潔、高尚和優雅的境地，並且在人心中喚起敬虔和感激上帝的意念。」（《先祖與先知》第594頁）。耶穌「用詩歌與上天交通」。（《歷代願望》第73頁）

音樂是最高尚的藝術之一。良好的音樂不但能帶來歡樂，同時也能提升心靈，培養高雅的氣質。上帝常用屬靈的詩歌來感化罪人的心，引領他們悔改。與此相反，下流的音樂敗壞品德，並使我們與上帝疏遠。

我們在家中、社交聚會、學校及教會應當特別留意選用良好的音樂，必須避免那些帶有爵士樂、搖滾樂、或其他混合形

式的旋律，也要拒絕愚昧或煽情的歌曲。（見本書第157頁）

## 結語

我們處於末世的諸般危險之中，肩負著需迅速向世界傳揚最後之救贖計畫的責任。面臨著將要帶來普世公義的審判，讓我們將自己的身心靈都獻予上帝。既然我們是一群仰望主復臨的百姓，就讓我們立志維護那崇高的生活標準。

# 第 14 章

# 婚姻、離婚與再婚

## MARRIAGE, DIVORCE, AND REMARRIAGE

## 第1節　社交關係

為了我們的愉悅和益處，上帝賜給我們社交的本能。「藉著相互交往，人的頭腦變得更加細膩；藉著社交，人們互相結識、建立友誼，從而使心靈合一、培養出愛的氛圍。天上的眾生為此而欣慰。」（《教會證言》卷六，原文第172頁）

兩性之間恰當地交往對雙方都有益。這樣的交往應該建立在高尚的層面上，並且要遵從為了保護我們而設定的社會規範。撒但的目的是要敗壞每一樣美善的事物，把最美好的事扭曲成為最醜惡的事。

今天，保持社交關係安全與幸福的理想環境正在急速惡化。在毫無道德和宗教原則約束的慾望驅使下，兩性之間的交往在很大程度上已經墮落成為濫交、性變態、亂倫以及對幼兒的性侵。

成千上萬的人拋棄了《聖經》教導的行為準則，轉而用一時的快樂來取代婚姻和為人父母的神聖經歷，造成無數苦果。這些邪惡的行徑不但破壞了社會上的家庭結構，而且家庭的破裂又導致了此類邪惡行徑和其他醜惡現象。兒童與少年的生活被扭曲了，後果令人痛心。這些都對社會造成災難性的、日益嚴重的問題。

這些邪惡現象愈來愈公開，對基督徒家庭的理想和目的

帶來了嚴重的威脅。姦淫、色情、各樣的性虐待（包括對配偶、子女、長者的虐待）、亂倫、同性戀行為都是對上帝原先對人計畫的扭曲，並顯示出人類的墮落。當《聖經》清晰的教導（見出20：14；利18：22，29；20：13；林前6：9；提前1：10；羅1：20-32）被否定，其中的警告被置之不理，人們為自己的惡行以各種理由辯護，整個世界就充滿了不確定性和混亂。從古時起，撒但的計畫就是要造成人類忘記上帝是創造主，忘記上帝按照自己的形像「造男造女」（創1：27）。

上帝的話語警告我們遠離屬世的、對性和肉慾的追求，基督來到世界摧毀撒但的破壞工作，重新使人建立與創造主的關係。雖然在亞當裡我們跌倒且成了罪的奴僕，但是我們在基督裡得到了完全的饒恕，獲得了重返上帝創造計畫的權利。藉著十字架以及聖靈的大能，我們都能擺脫罪惡行徑的捆綁、恢復至我們創造主的形像。

作為年輕人的父母和屬靈嚮導，我們必須以同情心理解他們的問題，努力尋求為他們建立一個基督化的社交環境，並且在靈性生活方面親近他們。這樣我們就能把基督教的理想、啟發和能力灌輸給他們。

不論我們的長輩和同儕犯了什麼樣的錯誤，我們的責任和特權就是要懂得並維持做基督徒的最高理念。我們能夠建立起基督徒品格，對抗邪惡勢力。我們要透過虔誠的查經學習大自

然的奇妙，努力維護身體的聖潔能力，熱誠的人生目標，時刻不停的禱告以及真誠、無私的服事，來提高我們在社會上的影響力。

不論是給年輕人還是老年人安排的社交活動，都應該是能促進身心能力並且快樂的團契時光，而不是輕浮的娛樂。優美的音樂、高尚的談話、高水準的表演、恰當的影片、具有教育價值的遊戲、為佈道制定計畫都能使所有的參加者蒙福受益。全球總會青年事工部已經出版了很多有用的資料和實用的建議，幫助教會安排有益的社交活動。

我們的家是舉辦社交活動的最佳地點。如果房子太小、不適合舉辦大小聚會並且附近沒有本會的活動中心，我們就要選一個不會破壞基督徒標準的地方來開展活動。不要選一般商業性的娛樂場所和體育場，因為這些地方的氣氛往往與基督徒的標準格格不入。

## 第2節　教養與陪伴

成年人愉快地引領兒童和青少年，並在他們的成長期間給予良好的影響和引導，乃是一件美事。懷愛倫師母說：「如果父母和老師都不能與孩子或學生進行足夠的社交互動，……其結果是很危險的。」（《給父母、教師和學生的勉言》原文第76頁）我們每一個家庭、學校以及其他機構都有責任關心我們所負責關懷之年青人的道德和聲譽。作為父母，我們應積極支持那些服務

我們下一代之機構的各項規章制度，我們在自己家裡也要建立同樣的保護制度。為了成就這一點，我們必須學會成為孩子們所歡迎的夥伴。但是年青人也有很大的責任使這樣的陪伴和相處成為一種受尊重且愉快的關係。

## 第3節　戀愛期

戀愛就是一對相互吸引的男女為了進入婚姻關係、想更徹底了解對方而進行的社交活動。

「但願正在考慮婚姻問題的男女，要權衡每一份情感，要注意對方，即所要結為終身伴侶之人，在每一品格上的發展。婚姻結合的進行，每一步驟都當含有真誠懇切和貞潔的精神，和切心討上帝喜悅榮耀上帝的性質。原來婚姻對於人生關及今世和來世。忠誠的基督徒必不至於斷定上帝所不能許可的計畫。」（《服務真詮》原文第359頁）

不遵循這些基督教戀愛原則可能導致悲劇。夫妻雙方擁有相同的理想和目標是建立一個幸福美滿家庭的先決條件。夫婦兩人對處理宗教信仰的態度差異很可能會影響家庭幸福，在教養孩子方面造成混亂、糾結和失敗。《聖經》告訴我們：「你們和不信的原不相配，不要同負一軛。」（林後6:14）

「家庭的關係乃是世上最親密、最慈和、最神聖的關係。它原是為人類的福利而制定的。無論在什麼地方，婚約的締結

若出於理智，本乎敬畏上帝的心，而且充分考慮過所當負的責任，則婚姻的確是一項福惠。」（《復臨信徒家庭》原文第18頁）

敬拜上帝、守安息日、康樂互動、善用錢財以及教養子女都是構成快樂家庭關係的要素。在這些方面存在分歧常常會導致家庭關係惡化、灰心、甚至完全放棄基督教信仰。因此在婚前，男女雙方應在這方面接受牧長的輔導。

「『二人若不同心，豈能同行呢？』（摩3：3）婚姻的幸福和成功，有賴雙方的同心聯合；信主的和不信主的人之間，在嗜好、心情和志向上都是根本不同的。他們是在事奉兩個彼此不能和諧的主。無論一個人的節操是多麼純潔正確，但他那個不信主之配偶的影響，總有引誘他離棄上帝的趨勢。」（《先祖與先知》原文第174頁）

預言之靈一貫反對信徒與不信的人建立婚姻關係，更進一步警告復臨信徒與那些「尚未接受現代真理」的基督徒結合（《教會證言》卷五，原文第364頁）。如果夫婦兩人被同樣的信仰價值觀和生活方式連繫在一起，婚姻就更可能長久，家庭生活也更可能成就神聖的計畫。鑑於這些原因，本會強烈不鼓勵基督復臨安息日會的信徒與有著其他宗教信仰的人結婚，並且強烈敦促牧師不要主持這樣的婚禮。

本會認可每位信徒在選擇婚姻伴侶方面擁有作出最後決定

的特權。但是本會希望那些選擇了非本會信徒做伴侶的教友能夠意識到，並且理解基督復臨安息日會的牧師為了維護上述原則的職責不會為他們主持婚禮。

如果信徒最終作出這樣的婚姻決定，教會要用愛和關心來鼓勵夫婦雙方達成在基督裡的完全合一。

## 第4節　婚前教育／輔導

鑑於婚姻是所有關係中最重要且具挑戰性的，婚前教育/輔導旨在幫助準備結婚的夫妻更充分地為他們生命中的這一重要步驟做好準備。婚前教育/輔導的主要目的是為夫妻在婚姻生活中可能遇到的挑戰做好準備。婚前教育/輔導還旨在加強和改善已婚夫妻未來的幸福，降低離婚的潛在率。婚前教育/輔導應由專業的輔導員或經過特別培訓的人提供，包括特別接受過靈性培訓的領袖。（關於婚前教育/輔導更詳細的資料請參閱《長老手冊》第8章）

## 第5節　婚姻

婚姻是上帝在人類未墮落前親自設定的神聖制度；那時候，包括婚姻在內的一切都是好的（創1：31）。「因此，人要離開父母，與妻子連合，二人成為一體。」（創2：24）「第一次婚禮，乃是上帝親自主持的。可見婚姻制度是由宇宙的創造主所設立的。『婚姻，人人都當尊重。』它是上帝起初給人的恩賜之一，也是人類墮落之後，亞當從樂園中帶出來的兩個制度之

一。」（《復臨信徒家庭》原文第25、26頁）

上帝有意讓亞當、夏娃的婚姻成為所有未來婚姻的典範，而且耶穌認同這原本的觀念，祂說：「那起初造人的，是造男造女。並且說：『因此，人要離開父母，與妻子連合，二人成為一體。』這經你們沒有念過嗎？既然如此，夫妻不再是兩個人，乃是一體的了。」(太19:4-6) 因此，上帝設立的婚姻乃是一男一女之間構成的一夫一妻、異性戀的關係。

正因如此，婚姻乃是一男一女對彼此、也是對上帝所作出的一種公開並具有法律效力、維持一生的承諾 (可10：2-9；羅7：2)。保羅指出，基督對教會的委身就是夫妻關係的一個典範 (弗5：31、32)。上帝期望婚姻關係如同基督與教會的關係一樣是永久的。

婚姻內的性愛是上帝給人類家庭的一項神聖恩賜。它是婚姻中不可或缺的一部分，是專為婚姻保留的 (創2：24；箴5：5-20)。這種專為夫妻設計的親密行為可持續促進兩者的親密感、幸福感與安全感，也達成了人類的繁衍。

婚姻中的合一是透過相互的尊重與愛而達成的。沒有一方是凌駕於另一方的 (弗5：21-28)。「作為一種終身的結合，婚姻是基督與祂的教會聯合的象徵。基督向教會體現的精神就是夫妻之間當彼此表現的精神。」（《教會證言》卷七，原文第46頁）上帝

的聖言譴責人際關係中的暴力（創6：11，13；詩11：5；賽58：4、5；羅13：10；加5：19-21）。愛與接納、努力肯定與扶持他人才是基督的精神，而不是虐待或貶低他人（羅12：10；14：19；弗4：26；5：28、29；西3：8-14；帖前5：11）。基督徒當中不可有暴君式的掌控及濫用權力（太20：25-28；弗6：4）。婚姻和家庭中的暴力行徑是令人憎惡的（參閱《復臨信徒家庭》原文第343頁）。

「無論是丈夫或妻子，都不應求取主宰之權。關於此事，主已訂定一個指導原則。丈夫要愛護妻子，正如基督愛護教會。妻子也當敬重丈夫。雙方都要培養仁愛的精神，絕不使對方受苦受損。」（《教會證言》卷七，原文第47頁）。

罪的侵入對婚姻造成了負面的影響。亞當和夏娃犯罪之後就失去了他們曾經與上帝、與對方擁有的合一狀態（創3：6-24）。他們的關係因內疚、羞恥、責備和痛苦而蒙羞。當罪掌權時，婚姻就出現了可悲的後果：疏遠、不忠、忽略、虐待、性變態、一方欺壓另一方、暴力、分居、拋棄、離婚。

罪對婚姻制度的破壞也表現在多配偶的婚姻關係中。這樣的婚姻關係雖然在舊約時代盛行，卻不符合上帝的設計。上帝對婚姻的本意是要祂的子民超越那與聖經觀點相悖之文化陋習的。

## 基督徒婚姻觀包括：

❶ **在基督裡恢復上帝的完美設計**——在把世界從罪和罪的後果贖回的過程中，上帝尋求將婚姻恢復至最初的完美設計。這就是上帝對那些因為重生而進入基督的國度、心靈已被聖靈重新塑造、以榮耀主耶穌基督為人生目標的人所作出的期待。（見彼前3:7；另見《福山寶訓》原文第64頁）

❷ **在基督裡恢復合一與平等**——福音強調夫妻之間的愛和順服（林前7:3、4；弗5:21）。丈夫的領導作用表現在自我犧牲的愛以及基督為祂的教會所作的服事（弗5:24、25）。彼得和保羅都說在婚姻裡要有互相的尊重（見彼前3:7；弗5:22、23）。

❸ **恩典是給所有人的**——上帝設法要將所有不能達到祂神聖標準的人完全恢復並與祂和好（林後5：19），其中也包括那些婚姻破裂的人。

❹ **教會的角色**——舊約裡的摩西和新約裡的保羅都對破裂的婚姻所造成的問題作出處理（申24：1-5；林前7：11）。雖然兩人都高舉並肯定上帝的完美設計，但是他們都有建設性地極力幫助救贖那些不能達到完美標準的人。同樣，今天的教會也蒙召高舉並肯定上帝為婚姻所作的完美設計。但同時，教會也要積極饒恕、勇於和解、醫治群體、向那些婚姻破裂的人表現出理解與同情。

## 第6節　離婚

離婚違反了上帝最初設立婚姻的目的（太19：3-8；可10：2-9），聖經對此有很多的教導。因為離婚是人類墮落後社會生活的一部分，聖經記載了相關的律法來減少離婚所造成的傷害（申24：1-4）。聖經向來的主張是努力提升婚姻的地位、抑制離婚的作法。聖經所用的方法包括：描述夫妻之愛的愉悅和忠貞（箴5：18-20；歌2：16；4：9-5：1）、把上帝與祂子民的關係比喻成婚姻（賽54：5；耶3：1）、強調寬恕與修復婚姻關係的可能性（何3：1-3）、表明上帝對離婚及其造成的不幸之厭惡（瑪2：15、16）。耶穌恢復了創造時的婚姻觀，把婚姻定義為一個男人和一個女人之間並他們這對夫婦與上帝之間的終生承諾（太19：4-6；可10：6-9）。聖經中有很多教導肯定婚姻制度，並尋求糾正那些可能削弱或破壞婚姻根基的問題（弗5：21-33；來13：4；彼前3：7）。

成功的婚姻是靠著一對順從上帝的夫妻共同維護愛、忠貞、不容第三者插足、互相信任、互相支持等原則（創2：24；太19：6；林前13章；弗5：21-29；帖前4：1-7）。當夫妻違反這些原則時，聖經讓我們看到不幸的生活境況會導致婚姻破裂。

上帝的恩典是醫治離婚帶來之傷害的唯一良藥。當一對夫妻婚姻失敗，教會應鼓勵兩人反省經歷，並尋求上帝對他們人生的旨意。上帝會安慰那些曾經受傷害的人。上帝也能接納那些犯了最具破壞性罪惡的人，哪怕那些罪帶來了不能修補的後

果 (撒下11、12章; 詩34:18;86:5; 珥2:12、13; 約8:2-11; 約一1:9)。

聖經指出姦淫及通姦 (太5:32)，還有被不信的配偶離棄 (林前7:10-15) 乃是離婚的理由。

聖經對離婚後的再婚問題沒有直接的教導。不過，太19:9記載的耶穌的教導強烈顯示，配偶不忠於婚姻約言，但自身保持忠貞的一方可以再婚。

## 第7節　教會關於離婚和再婚的立場

教會明白聖經關於婚姻的各項教導，但也清楚在許多時候婚姻關係距離理想甚遠。離婚與再婚所引發的問題的實質只有從天國的角度、相對比於伊甸園的背景來觀察才能顯明。

上帝為這個世界所制訂的神聖計畫核心，就是按照祂的形像造男造女，使他們生養眾多，遍滿地面，並在純潔、和諧及幸福之中一起生活。祂用亞當的一根肋骨造了夏娃，把她賜給亞當為妻子；婚姻制度就是如此建立——上帝是這制度的建立者，也是第一個婚禮的主持者。主向亞當顯明：夏娃是他骨中的骨、肉中的肉。從此，亞當對於二人本為一體的事實毫不懷疑。這一對聖潔的夫婦對於上帝期望他們的家庭永遠長存也是毫無疑問。

本會秉持這種對於婚姻和家庭的觀點，並且相信任何降低這種崇高觀點的行為就是降低天國的理想。婚姻是一種神聖制

度的信仰是有聖經根據的。因此，對於離婚與再婚等令人困擾的問題的所有見解和理論，都必須始終和伊甸園中所顯示的神聖理想相符。

教會相信上帝的律法，也相信上帝那恕罪的恩典。所以，因離婚與再婚而犯錯的人也必可以得勝、得救，正如虧欠了上帝其他神聖標準的人可以得勝、得救一樣。

這裡所呈現的內容絕無削弱上帝的憐憫或赦罪恩典之意。出於對上帝的敬畏，下列聲明是本會在結婚、離婚及再婚等事上應用的原則。

雖然婚姻最初是由上帝設立的，但我們承認當今的人也受政府管轄。因此，婚姻具有神聖及民事的雙重意義。神聖層面受上帝律法約束，民事層面則受國家法律的管轄。下列與這教導相符的宣言表明了復臨教會的立場：

❶ 當耶穌說「人不可分開」時，祂就給恩典時代的教會制定了一項行為準則。這項準則超越了一切對婚姻神聖律法做出與基督之解釋相悖的民事法令。哪怕國家或當地流行的習俗賦予人更大的自由，祂在此給予門徒一項必須遵守的法則。「耶穌在福山寶訓中很清楚地宣稱：除非對婚約不忠，就不可解除婚姻的關係。」——《福山寶訓》原文第63頁。（另見太5:32;19:9）

❷ 對婚約不忠通常是指姦淫或通姦。但是，新約中「姦

淫」一詞還包括其他不正當的性行為（林前6:9；提前1:9、10；羅1:24-27）。變態的性行為（包括亂倫、兒童性虐待、同性性行為）也被視為性能力的濫用、是對上帝設立婚姻制度之本意的扭曲，因此它們也可成為分居或離婚的理由。

即使聖經容許人因為上述的理由及被不信的配偶離棄等理由而離婚（林前7:10-15），教會和當事人仍應努力促成和好，鼓勵配偶對彼此表現出像基督般寬恕與修復關係的精神。地方教會要用愛和拯救的態度對待這對夫婦，以協助他們復合。

❸ 在復合無望的情況下，忠於配偶、未違背婚約誓約的一方，根據聖經有離婚和再婚的權利。

❹ 違反了婚姻忠貞誓言的一方（參閱第2點）應當受到教會的譴責（見本書107-115頁）。若此人為罪真心痛悔，教會可將其置於指定時間的譴責期，而不是斷然將其除名。此人若無徹底真心悔改的表現，則應予以除名。如果罪行昭彰、使上帝的聖工公然蒙羞，教會為維持崇高的標準和聲譽起見，可將其除名。

教會運用這些紀律處分有兩個目的：改正與救贖。在基督的福音中，紀律處分的救贖層面總是與罪人在耶穌基督裡變成新造的人相連。

❺ 離婚後，當無違背婚姻誓約的一方健在、且保持獨

身、清白自守時，違背婚姻誓約的一方在道義上就沒有再婚的權利。倘若在此情況下犯錯的一方再婚，他／她就應被除名。如果他／她再婚的配偶是教友的話，也應予以除名。

❻ 有時婚姻關係惡化到一定程度時，丈夫和妻子最好分居。「至於那已經嫁娶的，我吩咐他們，其實不是我吩咐，乃是主吩咐，說：『妻子不可離開丈夫。若是離開了，不可再嫁。或是仍同丈夫和好。丈夫也不可離棄妻子。』」（林前7：10、11）在很多這樣的案例中，子女的監護權，財產的調整，甚至為了保障個人安全，都需要改變婚姻狀態。在這樣的情況下，在某些國家當事人可以獲得合法分居。但在另一些司法體制下，這種分居只能靠離婚才能取得。

如果因為對配偶施以暴力而導致分居或離婚，而且不涉及「違背婚姻忠貞誓約」（參閱前述的第1、2點），那麼雙方都沒有聖經允許再婚的權利。如果在分居期間或離婚後，一方再婚、或犯了姦淫或通姦、或死亡，另一方可再婚。如果教友離婚後在沒有聖經許可之理由下再婚，教會就應將其除名。他的／她的再婚配偶若是教友，也應當被除名（見本書107-115頁）。

❼ 教會不應考慮恢復兩種人的教籍：一，因背叛婚姻誓約離婚、且被教會除名又再婚者；二，因前述第1及第2點以外的原因離婚又再婚、且被教會除名的人士。如果屬於此類情況之外，教會可以考慮。

❽ 婚姻誓約不但是神聖的，當涉及子女時也可能是非常複雜的。因此，當悔改的一方要求恢復教籍時，他／她的選擇可能十分有限。在教會作出最後的決定前，牧師或區主任應把恢復教籍的要求轉交至區會執委會以徵求意見、看悔改的一方／雙方應該採取哪些步驟才可被重新接納為教友。

❾ 因前述理由被除名的人士如果重新被接納入教會，他們通常要重新受洗（見本書87-88頁）。

❿ 如果某人因第8點所述情況在除名後獲准恢復教籍，教會應萬分小心維護團結及和諧。因此，除非與區會行政人員經過審慎的商議並取得同意，否則教會不可賦予其領袖的職責，尤其是需要按立方可擔任的職分。

⓫ 根據前述幾點，任何沒有聖經所述之權利再婚的人，任何牧師均無權主持其再婚儀式。

## 第8節　地方教會的家庭事工

作為基督救贖罪人的代表機構，教會要在教友的各種需求方面服事，培養每個信徒成為成熟的基督徒。當教友面對影響一生的抉擇（如結婚）和令人心力交瘁的經歷（如離婚）時，更需要教會的關心。當一對夫妻的婚姻面臨破碎之際，兩人及關心他們的教會或家庭成員要盡一切努力幫助他們根據聖經的原則和好，使受傷的關係得以修復（何3：1-3；林前7：10、11；

13：4-7；加6：1）。

教會或其他教會組織可提供能夠幫助教友建立穩固之基督化家庭的資源。這些資源包括：（一）為計畫結婚的男女設計的預備課程，（二）為已婚夫婦及家庭設計的指導課程，（三）為破碎家庭和離婚人士設計的支持課程。

牧師的引導在婚姻的建立、離婚後的療傷與關係的修復方面很重要。在離婚方面，牧師發揮的功能既有紀律處分的性質又有安慰的性質；其職責包括分享相關的信息，但有些信息很敏感，需要小心處理。但是，不能只根據倫理上的考慮而迴避前述第1點至第11點所述的紀律處分措施。

正如上帝是一位赦罪的神，上帝也呼召信徒去赦免、接納那些跌倒的人（賽54：5-8；太6：14、15；弗4：32）。聖經力勸我們要以忍耐、同情和寬恕來對待那些犯錯的人（太18：10-20；加6：1、2）。儘管一些人被教會處分，不管是被譴責或是被除名，教會作為上帝聖工的工具，都應當盡力以愛心與他們保持聯繫，在靈性上培育他們。

教會規程
Church Manual

第 **15** 章

基督復臨安息日會
基本信仰

FUNDAMENTAL BELIEFS OF
SEVENTH-DAY ADVENTISTS

　　基督復臨安息日會的信徒以聖經為唯一的信仰標準，並且確信我們的基本信仰都是出自聖經的教訓。以下列出的信仰就是本會對聖經教訓的理解和闡述。當教會被聖靈引導對聖經真理有了更完整的理解或對上帝聖言中的教訓有了更恰當的語句來表達時，這些闡述可在全球總會代表大會上得到修訂。

## 一、上帝的聖言

　　聖經包括新約及舊約，是用文字記錄下來的上帝的道，內裡滿有靈感。那些蒙啟示的作者在聖靈的感動下發聲、寫作。通過聖經，上帝將得救所需的知識賜給人。聖經彰顯了上帝的至高的、帶有權威的、絕對無誤的旨意。這本書是品格的標準、衡量人生的基準、信仰的絕對依據、上帝在人類歷史中的作為的忠實記錄。（詩119:105; 箴30:5、6; 賽8:20; 約17:17; 帖前2:13; 提後3:16、17; 來4:12; 彼後1:20、21）

## 二、三位一體

　　獨一的上帝以聖父、聖子、聖靈三個永恆共存的位格成為一體。上帝是不朽的、全能的、全知的、超乎一切的、無處不在的。祂是無窮的。雖然上帝超乎人類的理解能力，祂卻把自己向人類揭示。上帝就是愛，祂永遠配得全體受造之物的崇拜、敬仰及服事。（創1:26; 申6:4; 賽6:8; 太28:19; 林後1:21、22;13:14; 弗4:4-6; 彼前1:2）

## 三、聖父

永在的父上帝是創造主、萬物的起源、維持者及一切受造之物的主宰。祂是公義聖潔的、慈愛的、充滿恩典的。祂不輕易發怒，有永不止息的愛和信實。聖子與聖靈彰顯的特性和權能也是聖父具有的。(創1:1; 申4:35; 詩110:1，4; 約3:16;14:9; 林前15:28; 提前1:17; 約一4:8; 啟4:11)

## 四、聖子

永在的子上帝在耶穌基督裡成為肉身。藉著祂，上帝創造萬物、彰顯自己的品格、完成對人類的救贖、審判世界。聖子永遠是完全的神，也在耶穌基督裡成為實實在在的人。祂由聖靈孕育、為童女馬利亞所生。祂作為人在世上生活並經受試探，卻完美地活出上帝的公義和慈愛、成為我們的榜樣。祂藉著所行的神蹟彰顯了上帝的大能，表明祂就是所應許的彌賽亞。因為我們的罪，祂甘願替我們在十字架上受苦、受死。然後祂從死裡復活、升天，在天上的聖所裡為我們服務。祂將在榮耀中復臨，最後一次拯救祂的百姓，並使萬物復興。(賽53:4-6; 但9:25-27; 路1:35; 約1:1-3，14;5:22;10:30;14:1-3，9，13; 羅6:23; 林前15:3、4; 林後3:18;5:17-19; 腓2:5-11; 西1:15-19; 來2:9-18;8:1、2)

## 五、聖靈

與聖父和聖子一起同工，永在的聖靈上帝在創造、基督降生及救贖的工作上積極參與。正如聖父和聖子有位格，聖靈也

有位格。祂啟示了聖經的作者。祂將能力充滿基督的生命。祂吸引人、使人知罪。祂使那些回應祂的感召的人得以更新，轉化成為上帝的形像。祂受聖父及聖子的差遣，常與上帝的兒女同在。祂賜下屬靈的恩賜給教會，使其有能力為基督作見證，並引領教會進入一切與聖經相和諧的真理。(創1:1、2; 撒下23:2; 詩51:11; 賽61:1; 路1:35;4:18; 約14:16-18，26;15:26;16:7-13; 徒1:8;5:3; 10:38; 羅5:5; 林前12:7-11; 林後3:18; 彼後1:21)

## 六、創造

上帝在聖經中揭示了祂創世活動的真實歷史記錄。祂創造了宇宙，然後在不遙遠的六日期間造了「天、地、海，和其中的萬物」，並在第七日安息了。就這樣，祂設立了安息日作為祂在六個實實在在的日子裡完成創造大功的永久紀念。這就是一周七天的來歷。當上帝照著自己的形像造了第一個男人和女人時，創造的工作達到了巔峰。上帝將管理世界的權柄授予他們，並囑咐兩人治理世界。當創造世界的大工完成時，「上帝看著一切所造的都甚好」，處處散發著祂的榮耀。(創1-2；5；11；出20:8-11; 詩19:1-6;33:6，9;104; 賽45:12，18; 徒17:24; 西1:16; 來1:2; 11:3; 啟10:6;14:7)

## 七、人性

人是照著上帝的形像受造的，具有獨立的人格、思考和行為的能力與自由。雖然受造為自由的生靈，但各人都是由身、

心、靈構成的不可分割的整體，依靠上帝賜予生命、氣息及一切。當我們的始祖不服從上帝時，就否認了對祂的依靠，從崇高的地位墮落了。他們身上的上帝的形像被破壞了，落在死亡的轄制之下。他們的後代也繼承了這種墮落的人性與後果。他們生來就有軟弱，有犯罪的傾向。但是上帝在基督裡使世人與自己和好，並藉著聖靈在悔改的人身上恢復了創造主的形像。人是為了榮耀上帝而受造的，蒙召愛上帝、彼此相愛，並要治理他們的環境。(創1:26-28;2:7，15;3; 詩8:4-8;51:5，10;58:3; 耶17:9; 徒17:24-28; 羅5:12-17; 林後5:19、20; 弗2:3; 帖前5:23; 約一3:4;4:7、8，11，20)

## 八、善惡之爭

圍繞著上帝的品格，祂的律法，以及祂對宇宙的統治權，全人類都捲入了基督與撒但之間的善惡大斗爭。這場鬥爭始於天庭，當時一個受造並且被賦予自由選擇權的天使，因高抬自我而變成了撒但，成了上帝的仇敵。他領導部分天使參與反叛。當他引誘亞當夏娃犯罪時，叛逆的精神就在這個世界扎了根。人類的罪扭曲了上帝在人身上的形像，受造世界的秩序被破壞了。上帝不得不用一場普世性的洪水毀滅了世界。這一切都記錄在創世記1-11章。所有受造之物都在觀看這個地球上發生的事情，世界已經成了宇宙爭戰的大舞台。上帝的愛終將得以昭雪。為了在這場爭戰中幫助祂的子民，基督差遣聖靈及忠誠的天使一路引導、保護及支持他們走完得救的旅程。(創3

章，6-8章；伯1：6-12；賽14：12-14；結28：12-18；羅1：19-32；3：4；5：12-21；8：19-
22；林前4：9；來1：14；彼前5：8；彼後3：6；啟12：4-9)

## 九、基督的生、死與復活

基督一生完美地順從上帝的旨意。藉著祂的受苦、犧牲與
復活，上帝為人類提供了贖罪的唯一方法。凡憑著信心接受基
督的贖罪功勞的人就可獲得永生。一切受造之物也更能夠明白
創造主的無窮聖潔的愛。基督的完美贖罪證明了上帝律法的公
義以及祂充滿恩典的品格。一方面，祂的犧牲定了我們的罪，
另一方面又為我們提供了赦免。基督的死是替代性的、彌補性
的，是為了使神人和好、轉變罪人。基督身體的復活宣告了上
帝勝過罪惡的勢力，並保證那些接受救贖的人最終也會戰勝罪
惡與死亡。它宣告耶穌基督是主。天上的、地上的生靈都要向
祂屈膝下拜。(創3：15；詩22：1；賽53章；約3：16；14：30；羅1：4；3：25；4：
25；8：3、4；林前15：3、4，20-22；林後5：14、15，19-21；腓2：6-11；西2：15；
彼前2：21、22；約一2：2；4：10)

## 十、得救的過程

上帝因祂無限的慈愛與憐憫，使那無罪的基督為我們成為
罪，為要使我們在祂裡面成為上帝的義。我們在聖靈引導下，
感覺自己的需要，承認自己的罪孽深重，悔改我們的過犯，並
相信耶穌為主、為基督、為代罪者、為我們的榜樣。這能使我
們得救的信心出自上帝聖言的大能，為上帝恩典所賜。藉著基

督我們被稱為義，被收納為上帝的兒女，從罪的轄制中得釋
放。借聖靈我們重生、成為聖潔。聖靈更新我們的心意，將上
帝愛的律法寫在我們心上。上帝賜給我們能力過聖潔的人生。
我們常在祂裡面，就與祂神聖的性情有分，如今在審判、得救
上都有了保證。(創3:15；賽45:22；53；耶31:31-34；結33:11；36:25-27；
哈2:4；可9:23、24；約3:3-8，16；16:8；羅3:21-26；5:6-10；8:1-4，14-17；10:
17；12:2；林後5:17-21；加1:4；3:13、14，26；4:4-7；弗2:4-10；西1:13、14；
多3:3-7；來8:7-12；彼前1:23；2:21、22；彼後1:3、4；啟13:8)

## 十一、在基督裡成長

藉著祂在十字架上的死，基督勝過了罪惡的權勢。祂在世
上工作時就征服了邪靈，現在又粉碎了他們的能力、確定了他
們最終的毀滅。當我們在基督的平安、喜樂以及祂的愛里與祂
同行時，耶穌的勝利使我們能勝過那些仍然企圖控制我們的邪
惡勢力。聖靈現在就住在我們裡面，並賜能力給我們。當我們
不斷地將自己交託給耶穌、以祂為我們的救主時，我們就擺脫
了過去的行為的重擔。我們不是生活在黑暗裡、也不是生活在
對邪靈的懼怕中；我們掙脫了無知以及先前生活的虛空。靠著
在基督裡的新自由，我們蒙召要長成基督的品格及樣式，日日
在禱告裡與祂交通，從祂的話語中得飽足，默想祂的教導及祂
的眷佑，唱詩讚美祂，聚在一起敬拜祂，並參與教會的佈道使
命。上帝呼召我們學習基督的榜樣，富有同情心地去服事他
人，照顧他人在身體上、精神上、社會關係上、情感上以及靈

性上的需要。當我們將自己投身於對周圍之人的愛心服事、為主的救恩作見證時，聖靈便在每一時刻，每一件工作上與我們同在，將這一切昇華為屬靈的經驗。(代上29:11; 詩1:1、2;23:4; 77:11、12; 太20:25-28;25:31-46; 路10:17-20; 約20:21; 羅8:38、39; 林後3:17、18; 加5:22-25; 弗5:19、20;6:12-18; 腓3:7-14; 西1:13、14;2:6、14、15; 帖前5:16-18，23; 來10:25; 雅1:27; 彼後2:9;3:18; 約一4:4)

## 十二、教會

教會是由承認耶穌基督為主宰及救主的信徒組成的團體。與舊約時代上帝的子民薪火相傳，我們蒙召從世界出來，一同聚集崇拜、團契、學習上帝的聖言、舉行聖餐、服務人群及向普世傳揚福音。教會是從聖經揭示的、道成肉身的基督獲得權柄。教會是上帝的家庭。作為祂所收納的兒女，信徒生活在新約的基礎上。教會是基督的身體，是以基督為首的信仰團體。教會是基督的新婦，基督為使她潔淨、成聖而捨命。當祂凱旋復臨時，祂會獻給自己一個榮耀的教會，是祂用寶血買來的、歷經千年仍然忠心。這個教會沒有玷污、皺紋，是聖潔的、沒有瑕疵的。(創12:1-3; 出19:3-7; 太16:13-20;18:18;28:19、20; 徒2:38-42; 7:38; 林前1:2; 弗1:22、23;2:19-22;3:8-11;5:23-27; 西1:17、18; 彼前2:9)

## 十三、餘民及其使命

普世的教會是由所有真正相信基督的人組成的。但在末日，背道廣泛蔓延之時，有一批餘民蒙召出來遵守上帝的誡命

及耶穌的真道。這批餘民警告審判的時候到了、只有靠基督才能得救，並宣告祂復臨的日子近了。啟示錄14章中的三位天使代表了這項宣告的工作。它與天上的審判工作同時進行，在地上引發了悔改與改革。上帝呼召每一個信徒都參與普世的見證活動。(但7:9-14; 賽1:9;11:11; 耶23:3; 林後5:10; 彼前1:16-19;4:17; 彼後3:10-14; 猶3，14; 啟12:17;14:6-12;18:1-4)

## 十四、基督肢體的合一

教會是由許多肢體合成的一個身體。這些肢體是從各國各族各方各民選召出來的。在基督裡我們是新造的人。種族、文化、學識、國籍的不同，以及地位、貧富、性別的差異都不可分化我們。我們在基督裡是平等的。基督藉著同一位聖靈使我們與祂、使我們彼此都合而為一。我們要公平地、毫無保留地服事人、接受人的服事。藉著耶穌基督在聖經中的啟示，我們懷著同樣的信仰與指望，並向所有的人作出同樣的見證。這種合一源自三一真神的合一。祂已收納我們為祂的兒女。(詩133:1; 太28:19、20; 約17:20-23; 徒17:26、27; 羅12:4、5; 林前12:12-14; 林後5:16、17; 加3:27-29; 弗2:13-16;4:3-6，11-16; 西3:10-15)

## 十五、洗禮

我們通過洗禮公開承認對耶穌基督的死與復活所持有的信心，並表明我們對罪已經死了、從此要以新生的樣式而活。這樣我們承認基督是主宰、是救主。我們成為祂的子民，被接納

為祂的教會的成員。洗禮象徵著我們與基督聯合、罪得赦免，並領受聖靈。洗禮是用全身入水的方式來進行的，前提是我們確定對耶穌的信心、而且證明我們已經悔罪。洗禮是出自聖經的教導，並表明受洗者接受了聖經的教訓。（太28：19、20；徒2：38；16:30-33;22:16；羅6:1-6; 加3:27; 西2:12、13）

## 十六、聖餐禮

在聖餐禮時，我們通過領用象徵耶穌的身體與血的無酵餅和葡萄汁，表達我們對祂——我們的主宰與救主——的信心。在聖餐禮的經驗中，基督臨格與祂的子民相會，並加力量給他們。我們領用時，喜樂地宣講主的犧牲，直到祂再來。領聖餐的準備包括自省、悔改與認罪。主設立了洗腳禮來突出重新潔淨意義，也表明我們以基督的謙卑精神彼此服事、讓我們的心在愛中聯合。聖餐禮是對所有相信的基督徒開放的。（太26：17-30; 約6:48-63;13:1-17; 林前10:16、17;11:23-30; 啟3:20）

## 十七、屬靈的恩賜與職事

上帝在各世代都賜給祂教會每一位信徒屬靈的恩賜，讓每一位信徒運用在愛心事奉上，造福教會和人群。這些恩賜是由聖靈按著祂自己的意思分賜給各信徒，供給教會去完成上帝設立的神聖功能。依據聖經，這些恩賜包括的職事有：信心、醫治、預言、傳道、教導、管理、和好、同情、自我犧牲的服務，並幫助人鼓勵人的愛心。有些信徒被上帝選召，蒙聖靈賦

予能力，從事教會所認可的職務，如牧養的、佈道的、教導人的，以滿足信徒服務時特別的需要，以建造教會至其靈性成熟之境，培植信徒對上帝的知識及信仰上合一。當信徒作上帝百般恩典的忠心管家，而使用這些屬靈的恩賜時，教會就得到保護，免受假道破壞的影響，而獲致出於上帝的成長，並在信與愛中建立自己。（徒6：1-7；羅12：4-8；林前12：7-11，27、28；弗4：8，11-16；提前3:1-13；彼前4:10、11）

## 十八、預言的恩賜

聖經證明了預言乃是聖靈的恩賜之一。這項恩賜是餘民教會的一項特徵，並且我們相信懷愛倫的事工體現了這一特徵。她的著作發聲有力，帶著預言的權威，給教會帶來安慰、引導、教訓及督責。她的著作也清楚表明聖經是檢驗一切教訓與經驗的標準。（民12:6；代下20:20；摩3:7；珥2:28、29；徒2:14-21；提後3:16、17；來1:1-3；啟12:17；19:10；22:8、9）

## 十九、上帝的律法

上帝律法的偉大原則都體現在十誡中，也通過基督的生活完美地彰顯出來了。它們表達上帝的愛、上帝的旨意，以及上帝對人的品行及各種關係上的要求，各世代的人都要遵行。這些典章是上帝與祂子民立約的基礎，也是上帝審判的標準。藉著聖靈的工作，它們指出罪惡，喚起人對救主的需要感。得救全是靠恩典，不是靠行為；得救後生髮的果子就是遵行誡命。

這種順從培養了基督徒的品格，並帶來內心的喜樂與滿足。它證明了我們對主的愛及對同胞關心。出於信心的順從顯明了基督改變人生的大能，因此加強了基督徒的見證。(出20：1-17；申28：1-14；詩19:7-14;40:7、8；太5:17-20;22:36-40；約14:15;15:7-10；羅8:3、4；弗2:8-10；來8:8-10；約一2:3;5:3；啟12:17;14:12)

## 二十、安息日

慈愛的創造主在六日創造大工完成之後，第七日便安息了，並為所有的人設立了安息日作為創造的紀念。上帝那永恆的誡命的第四條要求人將安息日守為聖日，在休息、崇拜與事奉上效法安息日的主-耶穌-的教導與實踐。安息日是我們與上帝、我們與他人喜樂交通的日子。它是我們在基督裡蒙救贖的表徵，是我們成聖的記號，是我們忠誠的標記，是在上帝的國度里永恆未來的預嘗。安息日是上帝與祂子民之間所立永約之永恆的標記。從晚上至晚上，從日落至日落，滿心歡喜地遵守這神聖的時光就是對上帝創造與救贖的慶祝。(創2:1-3；出20：8-11;31:13-17；利23:32；申5:12-15；賽56:5、6;58:13、14；結20:12，20；太12:1-12；可1:32；路4:16；來4:1-11)

## 二十一、管家

我們是上帝的管家。祂託付給我們時間與機會、能力與錢財、地上的福分與資源，我們要對上帝負責，恰當地運用這一切。由於承認上帝的主權，我們就忠心地服事祂及我們的同

胞，藉著歸還什一和其他奉獻來支持傳福音，促進教會增長。
為了讓我們培養愛心、勝過自私與貪心，上帝將管家身分作為
一項特權賜給我們。管家因忠心而使他人得福就歡喜快樂。
（創1:26-28;2:15; 代上29:14; 該1:3-11; 瑪3:8-12; 太23:23; 羅15:26、27;
林前9:9-14; 林後8:1-15;9:7）

## 二十二、基督徒的品行

我們蒙召成為敬虔的百姓，在個人和社交生活的方方面
面，我們的思想、感情、行動都要與天國的原則相和諧。為了
讓聖靈在我們裡面重造主的品格，我們只參與那些能在我們生
命中產生像基督的純潔、健康、喜樂的事。也就是說，我們的
興趣與娛樂應該達到基督徒的品味與美學的最高標準。文化雖
有差異，但我們的著裝當以樸素、保守、整潔為原則。因為人
的美不在外表的妝飾，而在因基督同在而生髮的溫柔、安靜。
我們的身體是聖靈的殿，就當聰明地照顧好。除了適當的運動
與休息之外，我們盡可能採用最健康的飲食，禁戒聖經所指明
的不潔淨的食物。由於含酒精的飲料、菸草、濫用藥物以及毒
品有害身體，我們也禁戒不用。我們要參與能令思想和身體順
從基督原則的活動，因為祂渴望我們成為完全、喜樂與良善。
（創7:2; 出20:15; 利11:1-47; 詩106:3; 羅12:1、2; 林前6:19、20;10:31;
林後6:14-7:1;10:5; 弗5:1-21; 腓2:4;4:8; 提前2:9、10; 多2:11、12; 彼前3:
1-4; 約一2:6; 約三2）

## 二十三、婚姻與家庭

婚姻是由上帝在伊甸園設立、並由耶穌確認的一個制度，是一男一女在相愛中廝守終身的結合關係。對基督徒而言，婚姻的承諾不僅是對配偶立的，也是對上帝立的，所以這種婚姻關係應該只由信仰相同的一男一女共同建立。彼此相愛、尊重、有責任感是構成這項關係的因素。這項關係要反映基督與教會之間的愛、聖潔、親密與關係的永恆性。至於離婚，耶穌教導說，除了姦淫之外，人若離棄配偶與另一個人結婚就是犯了淫亂罪。雖然有些家庭關係不理想，但那在基督里通過婚姻完全將自己向對方委身的夫妻仍能靠著聖靈的帶領、教會的牧養在愛中合一。上帝賜福家庭，希望家庭的成員互助互愛達到完全的成熟。加強家庭的凝聚力是末世福音信息的標誌之一。作父母的要教養兒女敬愛、順從主。他們要對兒女言傳身教，使他們明白基督是一位慈愛、溫柔、體貼的導師，要引導他們成為祂的肢體。不管是單身還是已婚的人士，上帝的家庭都歡迎。（創2:18-25; 出20:12; 申6:5-9; 箴22:6; 瑪4:5、6; 太5:31、32;19:3-9; 12; 可10:11、12; 約2:1-11; 林前7:7，10、11; 林後6:14; 弗5:21-33;6:1-4）

## 二十四、基督在天上聖所的服務

天上有一個聖所，是主親手設立的真帳幕而不是人手造的。在那裡，基督為我們做祭司，使信徒能獲得祂在十字架上一次獻上就永遠完成贖罪的犧牲的功效。祂升天后擔任了我們的大祭司，並開始祂代求的工作。地上聖所裡的大祭司的工作

預表了基督在天上的聖所裡的事工。在1844年，也就是2300日的預言時期結束時，祂進入了贖罪工作的第二階段，也是最後的階段。這一階段的工作通過大祭司在地上的至聖所的工作預表了出來。這是查案審判的工作，也是清除一切罪惡的工作，由古時希伯來人在贖罪日潔淨聖所的儀式來預表。在那預表性的崇祀中，聖所是由所獻祭牲的血來潔淨的，但是天上的物件卻是用耶穌獻上的完美的血來潔淨的。查案審判向天上的生靈顯明，哪些死去的人是在基督裡睡了的人，也就是在祂裡面的人，將在第一次復活中有分；哪些活著的人是住在基督裡的人，因守上帝的誡命和耶穌的真道而預備好被提升天、進入祂永恆的國度。這項審判顯明了上帝拯救那些信耶穌的人乃是公義之舉，並宣布那些忠於上帝的人應承受天國。基督這一階段工作的完成表明了基督復臨前人類恩典時期的結束。(利16章；民14:34；結4:6；但7:9-27；8:13、14；9:24-27；來1:3；2:16、17；4:14-16；8:1-5；9:11-28；10:19-22；啟8:3-5；11:19；14:6、7，12；20:12；22:11、12)

## 二十五、基督復臨

基督復臨是教會的洪福之望，是福音的高潮事件。救主的降臨是實實在在的、祂要親自降臨，是肉眼能見的、普世性的。祂復臨時，死去的義人將要復活，並與活著的義人一同得榮耀，被接到天上。但那不義的人卻要死亡。鑑於大多數的預言幾乎都已完全應驗，結合目前世界的情況，我們可以知道基督復臨的日子已經近了。但上帝未將那時辰啟示給我們，因

此主呼籲我們要隨時做好準備。(太24;可13;路21;約14:1-3;徒1:9-11;林前15:51-54;帖前4:13-18;5:1-6;帖後1:7-10;2:8;提後3:1-5;多2:13;來9:28;啟1:7;14:14-20;19:11-21)

## 二十六、死亡與復活

罪的工價乃是死。但獨一不死的上帝要將永生賜給祂的贖民。在那日之前,對於所有人而言,死亡是一種毫無知覺的狀態。當賜生命的基督顯現時,復活的義人和活著的義人都要一同得榮耀、被提到空中與主相遇。第二次的復活,也就是不義之人的復活,將發生在一千年之後。(伯19:25-27;詩146:3、4;傳9:5、6,10;但12:2,13;賽25:8;約5:28、29;11:11-14;羅6:23;林前15:51-54;西3:4;帖前4:13-17;提前6:15、16;啟20:1-10)

## 二十七、千禧年與罪的結束

千禧年是指第一次復活與第二次復活之間、基督與聖徒在天上施行統治的時期。在此時期,已死的惡人會受審判;地會完全荒涼,沒有活人居住,被撒但及他的使者佔據。千禧年結束時,基督與祂的聖徒並聖城一同從天降至地上。那時,死去的惡人要復活,並且與撒但和他的使者一起圍攻聖城。但是從上帝而來的烈火將燒滅他們並潔淨地球。這樣,宇宙就永遠不會再有罪及罪人。(耶4:23-26;結28:18、19;瑪4:1;林前6:2、3;啟20;21:1-5)

## 二十八、新的地球

在義人所居的新地，上帝將為蒙救贖的人預備一個永遠的家、一個完美的環境，那裡有永生、博愛、喜樂，還有在上帝身邊無窮的求知機會。因為在這裡，上帝會親自與祂的子民同住。痛苦與死亡將成為過去。善惡之間的大鬥爭要結束，不再有罪惡。宇宙萬物，有生命之物與無生命之物，都會宣揚：上帝就是愛。祂將施行統治直到永遠。阿們！（賽35章;65:17-25; 太5:5; 彼後3:13; 啟11:15;21:1-7;22:1-5）

教會規程
Church Manual

# 《教會規程》註釋

NOTES

　　註釋說明了教會如何處理某些事務。教會可以採用其他方法解決問題，但是這些方法必須與教會組織和運作的大原則相符。

# 第九章

　　❶ **婚禮**（見本書126頁）——在某些國家和地區，政府要求牧師必須獲合法委任及登記方可主持婚禮。在某些國家，牧師可在教堂主持婚禮，但是地方政府的婚姻登記官員必須在結婚證書上簽字才能使婚姻合法。在另一些國家，牧師不可主持婚禮，因為結婚儀式被視為民事合約，是政府監管的行為。在這種情況下，牧師可在信徒家中或者在教堂裡主持特別的聚會，求上帝賜福新婚夫婦。（見本書251-256頁）

　　❷ **長老的培訓及裝備**（見本書128頁）——雖然牧師對培訓長老負有主要責任，但區會傳道協會應積極安排定期的長老培訓。為了建立牧師和長老之間良好的工作關係，牧師也應該參加這類的培訓。另外，佈道所的領袖雖然不是長老，也應獲邀參加學習。

　　❸ **男／女執事的培訓及裝備**（見本書131，134頁）——雖然牧師對培訓執事負有主要責任，但區會傳道協會應積極安排定期的執事培訓學習。

　　❹ **管理及維護教會財產**（見本書136頁）——執事必須確保教會建築清潔、保養良好，教會範圍要整潔。執事負責打掃衛生的工作。在比較大的教會，如果有必要聘用專職清潔工，執事應當向堂董會推薦人選，然後由堂董會決定是否聘用。或者，

堂董會可以授權執事負責聘用清潔工。教會要進行的主要維修工程都必須獲得堂董會的批准。一切維修的費用及定期的支出（如水費、電費等）應轉交給司庫支付。

❺ **教會書記保存檔案紀錄**（見本書137頁）——堂董會會議紀錄應存入教會檔案，或用教會決定採用的適當系統加以保存。會議紀錄必須包括會議召開的日期和時間、出席人員及一切決議內容。書記也應將堂董會委任的委員會列出一份清單，將含有成員姓名的各委員會清單交給主席。清單也應包含委員會的定義及職責範圍。在一些國家，教會紀錄簿可以從本會的出版單位獲取。

教會紀錄簿裡有教籍的欄目，包括顯示信徒是如何、在何時被教會接納或除名的。此紀錄要按照發生的時間順序保存下來，每一項補充資料也要記錄下來，顯示教會針對信徒的教籍做出的決定。教籍紀錄必須準確、及時地反映出信徒在教會的狀況。

❻ **聯絡信徒**（見本書137頁）——教會書記應經常聯絡缺席的信徒，並將教會發展的情況傳達給他們，鼓勵他們每季向教會匯報屬靈生活。

❼ **個人訂購印刷品的款項**（見第141頁）——若當地沒有復臨教會文字中心，教友可將個人訂購書籍、小冊、雜誌和期刊的訂閱款項放入信封中，並將填妥的訂購單交給個人事工部書記。然後，根據區會採用的制度，司庫將所有這類的印刷品訂單和款項匯給復臨教會文字中心或出版社。在每季結束時，個人事工部書記將向教會匯報其與復臨教會文字中心和/或出版

社的帳戶狀況，並為司庫提供一份副本。

❽ **保護兒童**——教會應該是保證兒童安全的場所。所有接觸未成年人的教會人員必須符合本會及法律要求的標準和條件。為了維護教會裡的兒童，我們鼓勵教會制訂政策為兒童提供安全保護措施。此類政策應包括以下內容：

ⓐ 兩個成人同時在場——在兒童的課室或活動中安排兩個成人同時在場。

ⓑ 敞開門——不鼓勵私下見面或一對一的接觸。在任何情況下，鼓勵敞開門的作法。如果敞開門的作法不現實，安排第二個成人守候在門口。

ⓒ 篩選志工——所有志工都應填寫背景資料和推薦人。如果法律要求，也須對志工進行有無犯罪記錄的背景調查。

ⓓ 六個月觀察期——對表示願意參與兒童事工的新信徒或新轉入教籍的信徒進行六個月的觀察。

ⓔ 培訓——定期培訓兒童班的教師及志工，幫助他們明白如何保護兒童及培養幼小的靈命。

地方教會領袖應向區會諮詢，了解區會的作法及要求，包括當地對涉及兒童工作人士的法律要求。

欲取得更多資料，請參考復臨教會風險管理官網：www.adventistrisk.org

**❾ 復臨得時／特殊需要事工資源**（見本書第144-146頁）——關於得此工七個項目的進一步資訊，請至網址：www.possibilityministries.org

**❿ 兒童事工資料**（見本書146-148頁）——《兒童事工手冊：全球兒童領袖實用步驟指南》（The Children's Ministries Handbook：A Step-by-Step Guide for Children's Leaders Around the World，2005）；《兒童事工協調人：地方教會兒童事工組織實用步驟指南》（The Children's Ministries Coordinator：A Step-by-Step Guide for Organizing Children's Ministries in the Local Church，2005）；以及《牧者和長老的兒童事工手冊》（Pastor's and Elder's Handbook for Children's Ministries，2005）；以上書籍由全球總會兒童事工部編寫。請聯繫地方區會相關部門負責人，也可參考www.gcchildmin.org獲取更多資料。

**⓫ 家庭事工資料**（見本書153-155頁）——《關懷今日家庭：家庭事工指南》（Caring for Families Today：A Guide for Family Ministries，2009）。以上書籍由全球總會家庭事工部編寫。請聯繫地方區會相關部門負責人，也可參考www.adventist-familyministries.org獲取更多資料。

**⓬ 健康事工資料**（見本書155-157頁）——《CELEBRATIONS》（健康十二大基本原則事工報告網要，含文稿與投影片），《CHARTERS》（為平信徒編寫、含投影片的講稿），《健康事工原理》（Foundations for Health Ministry，為健康事工領袖編寫的84篇基礎健康演講稿），《自在呼吸》（Breathe Free，戒菸課程大綱），《活力青年》（Youth Alive，培養青年韌力的課程），《素食烹飪講師課程》（Vegetarian Cuisine Instructor's Course，易學易懂的料理手冊），《孕媽咪的

好朋友》（Birthing Companions，為年輕孕婦在孕期提供支持），《重獲新生》（Regeneration，擺脫成癮的十二個步驟計畫），以及《我的素食食物金字塔》（My Vegetarian Food Pyramid，大小海報）。

❸ **公共事務及宗教自由部資源**（見本書158頁）——請聯繫地方區會相關部門負責人，也可參考www.parl.org或www.irla.org獲取更多資料。

❹ **出版事工部資源**（見本書159-160頁）——《文字佈道訓練手冊》（Literature Ministry Training Manual，1-3冊含投影片）；《文字佈道與教會》（The Publishing Ministry and the Church，小冊）；《學生文字佈道手冊》（Student Literature Evangelism Manual）；《遇見神恩》（Miracles of Grace，365篇來自世界各地文字佈道士的見證，台北：時兆出版社，2014）；《文字佈道士》（The Literature Evangelist，為全球總會出版事工部發行之季刊）。

請聯繫地方區會相關部門負責人，也可參考publishing.gc.adventist.org獲取更多資料。

❺ **安息日學及個人佈道部資源**（見本書160-166頁）——為不同年齡層所製作的《安息日學研經指引》（CQ，Cornerstone Connections，Real-Time Faith，PowerPoints，Primary，Kindergarten，and Beginner）；《與耶穌同行》（In Steps with Jesus，為新入會教友特別編寫的研經指引，共四季）；《安息日學手冊》（Sabbath School Handbook）；《個人佈道手冊》（Personal Ministries Handbook）；《安息日學主理暨個人佈道領袖關鍵指南》（Keys for Sabbath School and Personal Ministries Leaders，單張一套）；《廣傳福音與救靈》（專為個人佈道編寫、以不同信仰體系及特定群體而編寫的一系列手冊）；

《復臨社區服務關鍵指南》（Keys to Adventist Community Services，單張／手冊）；《分享福音》（The Sharing，安息日學部電子報）；以及《社區服務暨城市佈道認證課程》（Services and Urban Ministry Certification Program， 請 參 考www. sabbathschoolpersonalministries.org ／acsiicm）。欲 得 知 更 多 資 訊，請 聯 繫 地 方 區 會 相 關 部 門 負責 人， 也 可 參 考www.sabbathschoolpersonalministries.org，GraceLink.net，JuniorPowerPoints.org，RealTimeFaith.net，CornerstoneConnections.net，CQBibleStudy.org，SabbathSchoolU. org，InStepWithJesus.org。或者在你的手機上安裝安息日學的應用軟件。

**❶❻ 復臨社區服務**（見本書166-167頁）——某些地區有活躍的多加會（Dorcas Society）或其他由當地教會行政機構批准的社會服務團體。若是如此，地方教會應該選出社區服務事工協調人（不是主任或領導）來協調教會各部門、各事工及執事進行的一切社區服務活動（每項活動有各自的負責人）。

多加會會長以及其他教會社區服務團體的領袖、復臨信徒社區服務協調人都是個人佈道事工職員會的成員，按照《教會規程》在個人佈道部的指引下開展工作。

當一個地區剛剛成立社區服務時，我們建議遵從復臨信徒社區服務的模式，讓所有信徒都參與針對社區特定需要而開展的廣泛社區服務項目。詳情請參考網站www. sabbathschoolpersonalministries.org，點擊Community Services頁。

**❶❼ 管家事工資料**（見本書167-168頁）——《門徒培訓指南》（Steps to Discipleship，2009）由全球總會管家事工部編寫。請聯繫

地方區會相關部門負責人，也可參考www.adventiststewardship.com獲取更多資料。

**⓲ 婦女事工資料**（見本書168-169頁）──《領導認證1-4級》（Leadership certification levels 1-4）；禱告日資料（resource materials for Day of Prayer），婦女事工提倡日（Women's Emphasis Day），以及防治家庭暴力提倡日（Abuse Prevention Emphasis Day）；《給牧者暨長老的婦女事工手冊》（Pastor's and Elder's Handbook for Women's Ministries）。請聯繫地方區會相關部門負責人，也可參考www.adventistwomensministries.org獲取更多資料。

**⓳ 復臨青年事工計畫**（見本書170-177頁）──詳細的組織計畫可以從區會青年事工部獲得。每個教會都應該觀察自己的年輕人及家庭情況、資源、人員、設施、學校，然後制訂適當的青年事工計畫。可以使用「社團」、「會」、「團契」或「行動」等名稱，但是名稱中必須含有「復臨青年」的字樣以清晰顯示我們的組織。

**⓴ 復臨青年事工資源**（見本書170-177頁）──地方教會相關負責人應先聯絡所屬區會、聯合會、分會的相關部門獲得資料。另外，全球總會青年事工部的網站也為各級青年事工提供支持。參見www.gcyouthministries.org。

# 第十章

**❶ 地方教會領袖範例名單**（見本書183-185頁）。提名委員會挑選信徒在各樣工作中擔任領袖。小教會可以有短一點的名單。大的教會可以有長一點的名單。以下名單僅供參考：

長老（數名）

男執事（數名）

女執事（數名）

書記

司庫及助理（數名）

慕道友協調人

堂董會

教會學校董事會

復臨社區服務部主任或多加會會長

復臨社區服務部書記兼司庫或多加會書記兼司庫

復臨得時／特殊需要事工部主任

復臨青年事工部（AYM）

**AYM音樂部負責人**

**AYM司琴**

**AYM書記兼司庫及助理**

**冒險家／幼鋒會團長**

**大使／少青團團長**

**前鋒會會長及副會長（兩名）**

**校園事工主任／協調人**

**成青團團長**

聖經學校協調人

兒童事工部協調人

教會詩班或領唱小組或音樂協調人

教會司琴

傳播部書記或傳播部委員會

教育部書記／教會學校校長或主任教師

家庭事工部主任

健康事工部主任

個人佈道部主任

個人佈道部書記

禱告事工部

出版事工部協調人

宗教自由部主任

安息日學主理及助理

安息日學書記及助理

安息日學分班領袖，包括成人及其他各分班

安息日學生利捐書記

預言之靈著作協調人

管家事工部主任

假期聖經學校主任

婦女事工部主任

其他必要人員

　　家庭與學校協會職員（會長及書記兼司庫）：如果只有一個教會資助教會學校，教會提名委員會需向校董會建議人選，然後由校董會委任。如果超過一個教會資助教會學校，整個選舉過程則由校董會進行。（見本書150-151頁）

# 第十一章

❶ **安息日學**（見本書197頁）——安息日學通常持續70分鐘。但是區會可以自訂更長或更短的時間。一定要確保有足夠的時間來提倡全球教會的佈道活動及計畫，也要收集用於佈道的奉獻；還要確保至少有30分鐘的研經時間。

❷ **聚會的形式**（見本書197-199頁）——聚會的形式因地區和文化而變化。以下為兩種參考範例：

## 較長的聚會流程

序樂（前奏曲）
報告事項
主席、證道主講人上台
三一頌
聚會開始的禱告
經文誦讀
唱讚美詩

牧養禱告

特別音樂

收集奉獻

唱祝聖的讚美詩

證道

唱讚美詩

祝福禱告

會眾短時間站立或坐著默禱

殿樂（後奏曲）

## 較短的聚會流程

報告事項

唱讚美詩

牧養禱告

收集奉獻

唱讚美詩或特別音樂

證道

唱讚美詩

祝福禱告

會眾短時間站立或坐著默禱

❸ **聚會的形式**（見本書199頁）——當領導聚會的人員上台、跪下時並會眾應低頭懇求上帝的臨格與祝福。需靜默以迎接敬拜，為接下來的活動作鋪陳。

## 崇拜聚會的兩個主要部分是：

ⓐ會眾通過唱詩、禱告和奉獻來滿心讚美地回應。

ⓑ從上帝的話語而來的信息。

透過獻上牧養禱告帶領會眾來到上帝跟前的人員要心懷崇敬，意識到獻禱的重要性。通常，領禱告的人要面朝會眾跪下作禱告。會眾面對著領禱者而跪。禱告要簡短，但是要包括讚美、感恩、提到會眾的特定需求以及全球教會的需要。

奉獻是崇拜聚會的一個重要部分。聖經教導我們「當以聖潔的妝飾敬拜耶和華」（詩96：9）同時也呼籲我們「拿供物來進入他的院宇」（詩96：8）。所以，在崇拜聚會中向上帝獻上禮物是合情合理的。

特別音樂或靈修的讚美詩是合宜的。

然後來到崇拜聚會中最重要的部分之一：用靈糧餵養上帝的群羊。當會眾真正飽足並且感受到「上帝眷顧了祂的百姓」（路7：16）時，榮耀上帝的情景就顯現了。證道的人要意識到工作的重要性並且作好充分的準備。

長老要與堂主任牧師配合安排好聚會的次序。如果教會沒有牧師，長老就要負責帶領崇拜聚會。長老要主持聚會或安排他人來主持。每隔一段時間，教會可以安插作見證和讚美的時段，或者把時間給一些信徒來講述他們佈道的經歷。

❹ **其他聚會**（見本書199頁）——為了在信徒當中加強、發展佈道精神，輔助性的個人佈道分享會可以用以下的一種或多種方式進行：第一，每個安息日舉行十分鐘的個人佈道分享會，通常是在安息日學結束後、正式崇拜聚會開始之前舉行。第二，與一星期當中的禱告聚會相結合。聚會開始先進行靈修，然後進入禱告。信徒應記得：敬拜對靈命成長和預備服事至關重要。剩下的時間可以用來培訓平信徒從事佈道活動。講者可以分享救靈的方法，然後給信徒時間分享他們在個人佈道過程中遇到的問題。

個人佈道聚會安排的時間應該符合當地教會情況。個人佈道部職員會應精心安排，使個人佈道聚會成為屬靈奮興和實用培訓的好時機。職員會要確保該聚會跟教會的其他聚會一樣定期、連貫地舉行。

❺ **謙卑禮**（洗腳禮，見本書200-201頁）——舉行洗腳禮時，男女應分開進行。對那些行動不便的信徒，要作特別的安排。如果地方文化可以接受並且能夠確保得體的衣著，可以安排夫妻之間或父母子女互相洗腳。如果信徒自己不好意思挑選洗腳夥

伴，教會應指派領袖幫助這些信徒尋找夥伴。

所有人士都應該徹底洗淨雙手再參加聖餐禮。主持聖餐禮的人士為了體現衛生應該在公眾面前徹底洗淨雙手。

❻ **聖餐禮**（見本書201-206頁）——當主持聖餐禮的牧師或長老以及執事入座時，正在回到聖殿的會眾可以唱詩預備。

執事上前揭開覆蓋聖餐的布。

誦讀合適的經文，比如林前11：23、24；太26：26；可14：22；路22：19。或者，此時牧師可以作簡短的證道。特別是當執事開始分派餅和葡萄汁而證道內容又正好是強調餅與葡萄汁的意義時，分享將有良好的果效。

為餅作祝福禱告的人士應該跪下。會眾可以跪下，也可以坐著。

通常在聖餐禮開始前，大部分的餅已經掰開了，只留一小部分餅供主持儀式的牧師和長老來掰（所有觸摸餅的人士都應該徹底洗淨雙手再參加聖餐禮）。牧師和長老將盛著餅的盤子遞給執事，執事分派給會眾。如果會眾人數較少，牧師或長老可以直接派發餅給信徒。

此時，可以安排一個特別音樂、一些見證、證道總結、誦讀材料、會眾誦唱或默想的背景音樂。

在主持儀式的牧師或長老最後也拿到餅之前，會眾不要開始吃。當大家都坐下後，主持人邀請大家一起食用。大家一邊食用，一邊默禱。

接下來，牧師可以讀一段恰當的經文，比如林前11：25、26；太26：27-29；可14：23-25；路22：20。當為葡萄汁獻上禱告時，主持人員都跪下。再次，執事向會眾派發葡萄汁。在分餅過程中建議的活動，此時可以繼續進行。當主持儀式的牧師或長老也拿到葡萄汁之後，會眾再一起飲用。

另一種方法是先掰餅、為餅禱告；然後餅和葡萄汁放在同一盤子上分給會眾。信徒同時取餅和葡萄汁。大家吃餅，然後是默禱。接下來，主持人為葡萄汁禱告，會眾喝下，接著又是默禱。如果教堂長椅上有安放空杯子的位置，執事可以在儀式結束後再收集杯子。

❼ **事務會議**（見本書207-208頁）──報告可包括以下活動：

① 書記報告，顯示教會的教籍情況，新接收哪些信徒、哪些信徒移名到別的教會。書記也應該報告當年有多少教友被除名（只報數目，不提姓名）以及有多少教友過世。堂董會對於所作決定的一些簡述也可能令信徒感興趣。

② 個人佈道部主任可報告並講述佈道活動，包括社區

服務以及教會將來的佈道計畫。然後由個人佈道部的書記作報告。

③ 司庫報告，說明收取且上繳給區會的十分之一的數目、收取且轉介為佈道奉獻的數目、還有地方教會的收支狀況。

④ 執事報告，說明探訪信徒、幫助窮人，以及其他的培靈工作。

⑤ 青年團體的書記報告，講述教會青年人所做的佈道工作及其他活動。

⑥ 安息日學書記報告，講述信徒參加安息日學的人數及其他相關情況。

⑦ 教會學校司庫報告，說明教會學校的財政狀況，包括學校所需的設備等等。

⑧ 教會學校的校長或老師報告，說明學校的就讀人數、教育工作的進展、學生受洗情況以及參加本會佈道活動的情況。

⑨ 家庭與學校協會負責人報告，說明該組織的活動和需要。

⑩ 傳播部書記作報告，說明媒體對教會活動的報導。

❽ 堂董會委任之委員會（見本書215頁）──其他委員會的領袖應定期作報告。比如，在一個大教會，堂董會可以委任一個委員會作佈道計畫。這個委員會的成員就是各個外展部門的負

責人，並由一位長老來擔任主席。該委員會將向堂董會匯報工作，並負有協調教會內部外展項目的責任。

❾ 復臨青年事工（AYM）資料（見本書216-217頁）——地方教會相關負責人應先聯絡所屬區會、聯合會、分會的相關部門獲得資料。全球總會青年事工部出版的專刊（季刊）為《青年事工之聲》（Youth Ministry Accent）。本會出版機構也製作了很多關於青年事工廣泛領域的話題單張。

# 第十二章

❶ **管家事工資料**（見本書223頁）——《門徒之路》（Steps to Discipleship，2009）；由全球總會管家事工部編寫。請聯繫地方區會相關部門負責人，也可參考www.adventiststewardship.com獲取更多資料。

❷ **年度預算範例**（見本書226頁）

| 教會提議的運作預算 | | * 預算表幣別為美金 |
|---|---|---|
| **預估收入** | | |
| 安息日學費用捐 | 1,500 | |
| 賙濟用基金 | 375 | |
| 綜合堂費奉獻 | 27,055 | |
| 福利基金 | 300 | |
| 總計收入 | | 29,230 |
| | | |
| **預估費用** | | |
| 教堂維修與粉刷 | 2,250 | |
| 燃料費 | 2,350 | |
| 清潔工及設備 | 1,475 | |
| 建築及設備保險 | 750 | |
| 賙濟用基金 | 1,450 | |
| 安息日學教材 | 1,250 | |
| 緊急開支 | 2,000 | |
| 電費 | 3,220 | |
| 水費 | 360 | |
| 煤氣／瓦斯費 | 550 | |
| 辦公文具 | 500 | |
| 洗衣費 | 75 | |
| 教會學校補助 | 8,000 | |
| 福利支出 | 1,000 | |
| 佈道與植堂活動 | 4,000 | |
| 總計支出 | | 29,230 |
| 餘額 | | 0 |
| | | |
| 編註：可增加其他欄位（如去年的預算和實際花費），以便和今年比較。由於篇幅限制，此預算範例沒有包含這些內容。 | | |

# 經文索引
# 懷著和其他資料索引

INDEX

# 經文索引

## 創世記 Genesis

| | |
|---|---|
| 1 | 268 |
| 1:1 | 267 |
| 1:1, 2 | 268 |
| 1:26 | 266 |
| 1:26-28 | 269, 277 |
| 1:27 | 249 |
| 1:31 | 253 |
| 1-11 | 269 |
| 2 | 268 |
| 2:1-3 | 276 |
| 2:7, 15 | 269, 277 |
| 2:18-25 | 278 |
| 2:24 | 253, 254, 257 |
| 3 | 269 |
| 3:6-24 | 255 |
| 3:15 | 270, 271 |
| 5 | 268 |
| 6-8 | 270 |
| 6:11, 13 | 255 |
| 7:2 | 277 |
| 11 | 268 |
| 12:1-3 | 272 |

## 出埃及記 Exodus

| | |
|---|---|
| 12:15, 19 | 202 |
| 13:7 | 202 |
| 18:21 | 118 |
| 19:3-7 | 272 |
| 20:1-17 | 276 |
| 20:8-11 | 268, 276 |
| 20:12 | 278 |
| 20:14 | 107, 249 |
| 20:15 | 277 |
| 31:13-17 | 276 |

## 利未記 Leviticus

| | |
|---|---|
| 11:1-47 | 277 |
| 16 | 279 |
| 18:22, 29 | 249 |
| 20:13 | 249 |
| 23:32 | 150, 276 |

## 民數記 Numbers

| | |
|---|---|
| 12:6 | 167, 275 |
| 14:34 | 279 |

## 申命記 Deuteronomy

| | |
|---|---|
| 4:35 | 267 |
| 5:12-15 | 276 |
| 6:4 | 266 |
| 6:5-9 | 278 |
| 6:6-9 | 171 |
| 24:1-4 | 257 |
| 24:1-5 | 256 |
| 28:1-14 | 276 |

## 撒母耳記下 2 Samuel

| | |
|---|---|
| 11, 12 | 258 |
| 23:2 | 268 |

## 歷代志上 1 Chronicles

| | |
|---|---|
| 29:11 | 272 |
| 29:14 | 277 |

## 歷代志下 2 Chronicles

| | |
|---|---|
| 20:20 | 167, 275 |

## 約伯記 Job

| | |
|---|---|
| 1:6-12 | 270 |
| 19:25-27 | 280 |

## 詩篇 Psalms

| | |
|---|---|
| 1:1, 2 | 272 |
| 8:4-8 | 269 |
| 11:5 | 255 |
| 19:1-6 | 268 |
| 19:7-14 | 276 |
| 22:1 | 270 |
| 23:4 | 272 |
| 33:6, 9 | 268 |
| 34:18 | 258 |
| 40:7, 8 | 276 |

| | |
|---|---|
| 50:23 | 199 |
| 51:5, 10 | 269 |
| 51:11 | 268 |
| 58:3 | 269 |
| 77:11, 12 | 272 |
| 86:5 | 258 |
| 96:8, 9 | 295 |
| 104 | 268 |
| 106:3 | 277 |
| 110:1, 4 | 267 |
| 119:105 | 266 |
| 133:1 | 273 |
| 146:3, 4 | 280 |
| 150:6 | 72 |

## 箴言 Proverbs

| | |
|---|---|
| 4:18 | 195 |
| 5:5-20 | 254 |
| 5:18-20 | 257 |
| 22:6 | 278 |
| 30:5, 6 | 266 |

## 傳道書 Ecclesiastes

| | |
|---|---|
| 9:5-6, 10 | 280 |

## 雅歌 Song of Solomon

| | |
|---|---|
| 2:16 | 257 |
| 4:9-5:1 | 257 |

## 以賽亞書 Isaiah

| | |
|---|---|
| 1:9 | 273 |
| 6:8 | 266 |
| 8:20 | 266 |
| 11:11 | 273 |
| 14:12-14 | 270 |
| 25:8 | 280 |
| 35 | 281 |
| 45:12, 18 | 268 |
| 45:22 | 271 |
| 51:3 | 199 |
| 53 | 270-271 |
| 53:4-6 | 267 |

54:5 .......................................... 257
54:5-8 ...................................... 263
56:5, 6 ...................................... 276
58:4, 5 ...................................... 255
58:13 ......................... 235, 236, 276
58:14 ........................................ 276
61:1 .......................................... 268
65:17-25 ................................... 281

## 耶利米書 Jeremiah

3:1 ............................................ 257
4:23-26 .................................... 281
17:9 .......................................... 269
23:3 .......................................... 273
31:31-34 .................................... 271

## 以西結書 Ezekiel

4:6 ............................................ 279
20:12 ................................. 235, 276
20:20 ........................................ 276
20:12-18 ................................... 270
28:18、19 ................................. 280
33:11 ........................................ 271
36:25-27 ................................... 271

## 但以理書 Daniel

7:9-14 ....................................... 279
7:9-27 ....................................... 279
8:13, 14 .................................... 279
9:24-27 ..................................... 279
9:25-27 ..................................... 267
12:2, 13 .................................... 280

## 何西阿書 Hosea

3:1-3 .................................. 257, 262

## 約珥書 Joel

2:12, 13 .................................... 258
2:28, 29 .............................. 167, 275

## 阿摩司書 Amos

3:3 ............................................ 252
3:7 ..................................... 167, 275

## 哈該書 Haggai

1:3-11 ....................................... 275

## 哈巴谷書 Habakkuk

2:4 ............................................ 271

## 瑪拉基書 Malachi

2:15, 16 .................................... 257
3:8 ............................................ 224
3:8-12 ....................................... 276
3:10 .......................................... 220
4:1 ............................................ 280
4:5, 6 .................................. 154, 278

## 馬太福音 Matthew

5:5 ............................................ 281
5:17-20 ..................................... 276
5:27-28 ..................................... 107
5:31, 32 .................................... 278
5:32 .................................. 258, 259
6:14, 15 .................................... 263
7:20 ............................................ 80
10:25 .......................................... 70
12:1-12 ..................................... 276
15:21-28 ..................................... 33
16:13-20 ................................... 272
16:18 .................................... 32, 38
18:10-20 ................................... 263
18:15-17 ..................................... 46
18:15-18 ..................................... 98
18:16 .......................................... 46
18:18 .................................... 47, 272
19:3-8 ....................................... 257
19:3-9, 12 ................................. 278
19:4-6 .................................. 254, 257
19:6 .......................................... 257
19:9 .................................. 258, 259
20:25-28 .............................. 255, 272
22:21 ........................................ 235
22:36-40 ................................... 276
22:37 .......................................... 72
22:39 .......................................... 73
23:23 ........................................ 277
24 ............................................. 280

25:31-46 ................................... 272
26:17-30 ................................... 274
26:26 ........................................ 297
26:27-29 ............................. 203, 298
28:18 .......................................... 71
28:18-20 .............................. 135, 210
28:19 ......... 70, 73, 74, 76, 144, 266
28:19, 20 ......... 42, 70, 272-274
28:20 ..................... 71, 74, 210

## 馬可福音 Mark

1:32 .......................................... 276
8:34 ............................................ 75
9:23, 24 .................................... 271
10:2-9 .................................. 161, 163
10:6-9 ....................................... 163
10:11, 12 .................................. 278
13 ............................................. 280
14:22 ........................................ 297
14:23-25 ................................... 298
16:15 .......................................... 42

## 路加福音 Luke

1:35 .................................. 267, 268
4:16 .......................................... 276
4:18 .......................................... 268
7:16 .......................................... 295
9:51-56 ...................................... 32
10:17-20 ................................... 272
12:13, 14 .................................. 104
21 ............................................. 280
22:19 ........................................ 297
22:20 ........................................ 298
24:46-49 ..................................... 71

## 約翰福音 John

1:1-3, 14 .................................. 267
1:35-40 ....................................... 87
1:35-2:1 ..................................... 72
2:1-11 ....................................... 278
3:3-8 ......................................... 271
3:16 .................................. 266, 267, 270
4:4-42 ........................................ 32
4:23 .................................... 72, 122
5:22 .......................................... 267

5:28, 29 .....................280
6:48-63 .....................274
8:2-11 ........................163
10:16 ..............................32
10:30 ...........................267
11:11-14 ....................280
13:1-17 ......................274
13:10 ...........................129
13:35 .............................. 75
14:1-3 .........................280
14:9, 13, 14 ..............267
14:15 ...................74, 276
14:16-18, 26 ............268
14:30 ...........................270
15:7-10 ......................276
15:8 ..............................136
15:9-13 ......................135
15:26 ...........................268
16:7-13 ......................268
16:7-16 ..........................71
16:8 ..............................271
17:17 ...........................266
17:20-23 ....................272
20:21 ...........................272

使徒行傳 Acts

1:4, 5 .............................71
1:8 ...................71, 210, 268
1:9-11 .........................280
2:14-21 ............167, 275
2:37-39 ..........................71
2:38 ..............................274
2:38-41 ..........................78
2:38-42 ......................272
5:3 ................................268
6:1-7 ............................275
6:1-8 ............................130
6:2 ...................................42
6:2-4 ...............................42
6:3 ................................118
7:38 ..............................272
8:14 .................................42
10:38 ...........................268
14:23 ...............................43
15:1-32 ......................194
15:41 ...............................32

16:30-33 ....................274
17:24 ...........................268
17:24-28 ....................269
17:26, 27 ...................273
18:25 .............................. 87
19 ....................................87
19:1-7 ............................ 87
20:17, 28-31 ............. 119
20:17-28 ........................46
20:28 .....................32, 33
20:28-31 .................... 119
22:16 ...........................274

羅馬書 Romans

1:4 ................................270
1:6, 7 ..............................32
1:19-32 ......................270
1:20-32 ......................249
1:24-27 ......................260
3:4 ................................270
3:21-26 ......................271
3:25 ..............................270
4:25 ..............................270
5:5 ................................268
5:6-10 .........................271
5:12-17 ......................269
5:12-21 ......................270
6:1-6 ............................274
6:3, 4 ..............................78
6:23 ....................267, 280
7:2 ................................254
8:1-4 ............................271
8:3, 4 ...................270, 276
8:14-17 ......................271
8:19-22 ......................270
8:29 ...............................74
8:38, 39 .....................272
10:17 ...........................271
12:1, 2 ........................277
12:2 ..............................271
12:4, 5 ..................39, 273
12:4-8 .........................275
12:10 ...........................255
12:18 ...........................105
13:10 ...........................255
14:19 ...........................255

15:26, 27 ...................277
16:1, 2 .........................133

哥林多前書 1 Corinthians

1:2 .........................32, 272
4:2 ................................221
4:9 ................................270
5:11 ......................47, 205
5:13 ...............................47
6 ...................................104
6:1 ................................104
6:2, 3 ...........................280
6:7 ................................104
6:9 ........................249, 260
6:19 ......................21, 238
6:19, 20 .....................277
7:3, 4 ...........................256
7:7 ................................278
7:10, 11 ..........261, 262, 278
7:10-15 ......................258
9:9-14 .........................277
10:16, 17 ...................274
10:31 ...........................277
11:23, 24 ...................297
11:23-30 ....................274
11:25 ...........................298
11:26 ..................203, 298
11:28, 27, 29 ............205
12:4, 5 ..........................39
12:7-11 ..............268, 275
12:12 .............................39
12:12-14 ....................273
12:18 ......................32, 38
12:27 ....................39, 275
12:28 .............32, 39, 275
13 .................................257
13:4-7 .........................263
14:40 .............................24
15:3, 4 ................267, 270
15:20-22 ....................270
15:28 ...........................267
15:51-54 ....................280
15:54 ......................82, 85
16:1, 19 .........................32
16:2 ..............................221

## 哥林多後書 2 Corinthians

1:21, 22 .................................266
2:5-11 .........................................47
3:17, 18 ...................74, 267, 272
3:18 ...........................................268
4:6 ..............................................241
5:10 ...........................................273
5:14, 15, 19-21 ...................270
5:16, 17 ...................................273
5:17-19 ......................................267
5:17-21 ......................................271
5:19 ...........................................256
5:19, 20 ...................................269
6:14 ....................................251, 278
6:14-7:1 ....................................277
6:15-18 ......................................244
6:17, 18 ......................................79
8:1-15 .......................................277
9:7 ..............................................277
10:5 ...........................................277
10:8 .............................................46
11:28 ..........................................34
13:14 ..........................................266

## 加拉太書 Galatians

1:2 ...............................................43
1:4 .............................................271
3:13, 14, 26 ..............................271
3:27 ...........................................274
3:27-29 ......................................273
3:28 .............................................33
4:4-7 .........................................271
5:19-21 ......................................255
5:22-25 ......................................272
6:1 .......................................46, 263
6:2 .............................................263

## 以弗所書 Ephesians

1:22, 23 ....................................272
2:3 .............................................269
2:4-10 .......................................271
2:8-10 .......................................276
2:13-16 ......................................273
2:19-22 ......................................272
2:20 .............................................46

3:6 ...............................................33
3:8-11 .........................................272
3:10 .............................................32
3:21 .............................................32
4:3 ..............................................195
4:3-6 ..........................................273
4:4-6 ..........................................266
4:8 ..............................................275
4:11-16 ............................273, 2754
4:12 .............................................32
4:13 ............................................195
4:13-15 .......................................74
4:15 .............................................72
4:16 ............................................144
4:26 ............................................255
4:32 ............................................263
5:1-21 ........................................277
5:8-11 ........................................244
5:19, 20 ....................................272
5:21 ............................................256
5:21-28 ......................................254
5:21-29 ......................................257
5:21-33 ............................257, 278
5:22, 23 ....................................256
5:23-27 ......................................272
5:24, 25 ....................................256
5:25-30 .......................................63
5:27 .............................................32
5:28, 29 ....................................255
5:29 .............................................32
5:31, 32 ....................................254
6:1-4 ..........................................278
6:4 ..............................................255
6:12-18 ......................................272

## 腓立比書 Philippians

2:4 ..............................................277
2:5-11 ........................................267
2:6-11 ........................................270
3:7-14 ........................................272
3:20 ............................................234
4:8 .....................................243, 277

## 歌羅西書 Colossians

1:13, 14 ............................271, 272
1:15-19 ......................................267

1:16 ............................................268
1:17 ............................................272
1:18 ....................................39, 272
2:6, 14, 15 ...............................272
2:12, 13 ....................................274
2:15 ...........................................270
3:3 ..............................................234
3:4 ..............................................280
3:5-10 ........................................244
3:8-14 ........................................255
3:10-15 ......................................273

## 帖撒羅尼迦前書
## 1 Thessalonians

1:1 ...............................................32
2:13 ............................................266
4:1-7 ..........................................257
4:13-17 ......................................280
4:13-18 ......................................280
5:1-6 ..........................................280
5:11 ............................................255
5:12, 13 .....................................120
5:16-18 ......................................272
5:21 .............................................46
5:23 ....................................269, 272

## 帖撒羅尼迦後書
## 2 Thessalonians

1:7-10 ........................................280
2:8 ..............................................280

## 提摩太前書 1 Timothy

1:9, 10 .......................................260
1:10 ............................................249
1:17 ............................................267
2:9 ..............................................240
2:9, 10 .......................................277
3:1, 2 ..........................................46
3:1-13 ........................................275
3:2-13 ........................................119
3:5 ...............................................33
3:7 ..............................................118
3:8-13 ........................................130
3:15 ...................................32, 237
4:12 ............................................171

4:12-16 .......................... 119
5:17 .............................. 120
5:22 .............................. 120
6:15, 16 .........................280

## 提摩太後書 2 Timothy

2:2................................. 118
2:19-22 ..........................244
3:1-5.............................280
3:4.................................244
3:16, 17 ..................167, 266, 275

## 提多書 Titus

1:5, 9 ..............................46
1:5-11 ............................ 119
2:1, 7, 8.......................... 119
2:11, 12 ......................... 277
2:13 ..............................280
3:3-7..............................271

## 希伯來書 Hebrews

1:1-3 ......................167, 275
1:2.................................268
1:3.................................279
1:14...............................270
2:9-18 ............................267
2:16, 17 ..........................279
4:1-11 ............................276
4:12...............................266
4:14-16 ...........................279
6:4-6................................88
8:1, 2 .............................267
8:1-5 ..............................279
8:7-12 .............................271
8:8-10 .............................276
9:11-28 ............................279
9:28 ...............................280
10:19-22 ...........................279
10:25 .........................95, 272
11:3................................268
13:2................................192
13:4................................257
13:7, 17 ........................... 120
13:17................................46

## 雅各書 James

1:27................................272
2:7.................................233
4:4.................................244
5:20..................................99

## 彼得前書 1 Peter

1:2.................................266
1:16-19 ............................273
1:19................................202
1:23................................271
2:9 .......................35, 73, 272
2:21, 22 .......................270-271
3:1-4 ..............................278
3:3, 4 .............................240
3:7 ...........................256, 257
4:10..................................73
4:10, 11 ...........................275
4:17................................273
5:1-3 .........................46, 119
5:8.................................270

## 彼得後書 2 Peter

1:3, 4 .............................271
1:20, 21 ...........................266
1:21................................268
2:9.................................272
3:6.................................270
3:10-14 ............................273
3:13................................281
3:18 ..........................71, 272

## 約翰一書 1 John

1:9.................................258
2:2.................................270
2:3.................................276
2:6.................................278
2:15................................233
2:15-17 ............................244
3:2...................................74
3:4.................................269
4:1...................................46
4:4.................................272
4:7, 11, 20 ........................269

## 約翰三書 3 John

2...................................278

## 猶大書 Jude

3...................................273
14..................................273

## 啟示錄 Revelation

1:7.................................280
3:20................................274
4:11................................267
8:3-5 ..............................279
10:6................................268
10:11...............................144
11:15...............................281
11:19...............................279
12:4-9 .............................270
12:17 ..............167, 271, 275, 276
13:8................................271
14...................................14
14:6 ..........................144, 279
14:6-12 ...........70, 74, 210, 273
14:7 ...............72, 268, 279
14:12 ........................276, 279
14:14-20 ...........................280
18:1-4 .............................271
19:10 ........................167, 275
19:11-21 ...........................280
20..................................280
20:1-10 ............................280
20:12...............................279
21:1-5 .............................280
21:1-7 .............................281
22:1-5 .............................281
22:8, 9 .......................167, 275
22:11, 12 ..........................279

### (top right)
4:8 ..........................267, 269
4:10................................270
5:3.................................276

# 懷著和其他資料索引
（每欄左列為原書頁數，右列為本書頁數）

## 使徒行述

9 .................................................. 78
19 .................................................. 73
71 ................................................. 168
74 ................................................. 221
89 ................................................. 130
90 ................................................. 130
93 ................................................. 131
261, 262 .................................... 120
279 ............................................... 121
338 ............................................... 228

## 復臨信徒的家庭

18 ................................................. 252
25, 26 .......................................... 254
35 ................................................. 154
343 ............................................... 255

## 秋季會議決議

1948, p19 ...................................... 27

## 兒童教育指南

193 ............................................... 147

## 基督比喻實訓

71, 72 ........................................... 110
113 ............................................... 194
191 ................................................. 95
386 ................................................. 33

## 文字佈道指南

4 .................................................. 159
20 ................................................. 159
21 ................................................. 159
91 ................................................. 159

## 論飲食

92 ................................................. 239

## 健康勉言

132 ............................................... 238

## 安息日學訓言

10, 11 ........................................... 160
34 ................................................. 194
115 ............................................... 160

## 給父母、教師和學生的勉言

76 ................................................. 250
135 ............................................... 242
383 ............................................... 242

## 給作者與編者的勉言

32 ................................................. 195

## 歷代願望

73 ................................................. 244
207 ............................................... 237
515 ............................................... 147
517 ............................................... 147
646 ............................................... 201
650 ............................................... 201
653 ............................................... 202
656 ............................. 202, 205, 206
659 ............................................... 203
661 ............................................... 203
677, 678 ...................................... 210
815 ................................................. 76
822 ................................................. 75

## 教育論

77 ................................................. 241
195 ............................................... 238
251 ............................................... 236
255 ............................................... 232

## 佈道論

105 ............................................... 149

273 .................................................. 240
373 .................................................... 88
375 .................................................... 88

## 信仰的基礎

35 ..................................................... 73
36 ................................................... 235

## 全球總會章程

Jan 29, 30, 1893, p24 .......................... 171

## 全球總會報告

No 8, p197 ........................................... 27

## 傳道良助

67 ................................................... 172
178 .................................................. 237
210 .................................................. 171

## 善惡之爭

593, 594 ............................................ 164

## 一同在天上

152 .................................................. 236

## 懷氏手稿

Ms51, 1894 .......................................... 76

## 醫藥佈道

259 .................................................. 239

## 告青年書

196 .................................................. 172
351, 352 ............................................ 240
399 .................................................. 244

## 服務真詮

143 ................................................... 73
352 .................................................. 155
359 .................................................. 251

393 .................................................. 234
491 .................................................. 233

## 先祖與先知

174 .................................................. 252
217, 218 ............................................ 232
252 .................................................. 237
374 ................................................... 38
459, 460 ............................................ 243
525 .................................................. 220
594 .................................................. 244

## 先知與君王

50 ................................................... 190

## 論出版工作

91 .................................................... 73

## 彰顯主基督

345 ................................................... 76

## 評閱宣報

Apr 14, 1885 ....................................... 198
Dec 26, 1882 ........................................ 24

## 基督復臨安息日會聖經註釋

Vol 6, p698 ........................................ 105

## 喜樂的泉源

60 .................................................... 74
93 ................................................... 234
95, 97 .............................................. 234
103, 104 ............................................ 199

## 教會證言

◆卷1

207 .................................................. 109
400 .................................................. 147

◆卷2

581 .................................................. 199

◆ 卷3

269 ............................................. 101
270, 271 ..................................... 102
366 ............................................. 240
388, 389 ..................................... 221
428 ............................................. 101
445 ............................................. 24
511 ............................................. 145

◆ 卷4

17 ............................................... 120
70, 71 ......................................... 206
71 ............................................... 193
406, 407 ..................................... 120
634 ............................................. 240

◆ 卷5

107 ............................................. 111
238 ............................................. 121
242, 243 ..................................... 103
274 ............................................. 38
293 ............................................. 194
364 ............................................. 252
491 ............................................. 191
492 ............................................. 192
494 ............................................. 191
617 ............................................. 120
619, 620 ..................................... 42

◆ 卷6

32 ............................................... 199
36 ............................................... 149
91 ............................................... 79
95, 96 ......................................... 80
172 ............................................. 248
382 ............................................. 200
430 ............................................. 155
479 ............................................. 220

◆ 卷7

46 ............................................... 254
47 ............................................... 255
195 ............................................. 74
225 ............................................. 33
260 ............................................. 99
261-263 ..................................... 101

263 ............................................. 106

◆ 卷8

236, 237 ..................................... 44
240 ............................................. 102

◆ 卷9

91 ............................................... 228
143, 144 ..................................... 193
216-218 ..................................... 104
247 ............................................. 221
248 ............................................. 222, 224
249 ............................................. 220
260 ............................................. 48
261 ............................................. 26
262 ............................................. 186

給傳道人的證言

15 ............................................... 34
16, 17 ......................................... 35
17-19 ......................................... 36
26 ............................................... 42
29, 30 ......................................... 196
52, 53 ......................................... 50
179 ............................................. 241
387 ............................................. 232
388 ............................................. 232
489 ............................................. 40

福山寶訓

59 ............................................... 103
63 ............................................... 259
64 ............................................... 256

國家圖書館出版品預行編目（CIP）資料

教會規程／基督復臨安息日會全球總會祕書
處作；時兆編輯部譯. -- 初版. -- 臺北市：時兆
出版社, 2024.05　　　　面；　公分
譯自：Church manual

ISBN 978-626-97837-1-7(平裝)
1.CST: 教會法規

247.4023　　　　　　　　　113004491

# 教會規程
## Church Manual

作　　者　基督復臨安息日會全球總會祕書處
發　　行　財團法人台灣基督復臨安息日會北亞太分會
地　　址　台灣台北市105松山區八德路二段410巷5弄2號

董 事 長　金堯漢
出 版 者　時兆出版社
客服專線　0800-777-798
電　　話　886-2-27726420
傳　　真　886-2-27401448
地　　址　台灣台北市105松山區八德路二段410巷5弄1號2樓
網　　址　http：//www.stpa.org
電　　郵　service@stpa.org

責　　編　林思慧
譯　　者　時兆編輯部
校　　對　時兆編輯部
審　　訂　柯腓利、湛志凡（依姓氏筆劃排列）
封面設計　時兆設計中心　林俊良
美術編輯　時兆設計中心　李宛青

I S B N　978-626-97837-1-7（平裝）
定　　價　新台幣320元
出版日期　2024年5月　初版1刷